スーパー・ラーニング

改訂新版

仕事の効率をグンと上げる
ビジネス・ライティング

書く技術・伝える技術

有限会社ロジカルスキル研究所
代表取締役
倉島保美

あさ出版

本書の目的

本書の目的は、「読み手に負担をかけないビジネス文章」を書く能力の習得を手助けすることです。

ここでいう「読み手に負担をかけない」とは、次の3点を意味します。

- 読み手になるべく文章を読ませずに、それでいて必要な情報を伝達できる
- 内容を一読で理解してもらえる
- 重要な情報を記憶に残せる

また、「ビジネス文章」とは、ビジネスの世界で読み書きされるすべての文章を意味します。具体的には報告書、論文、提案書、議事録、説明文、意見文、マニュアル、ビジネスレター、通知文などです。ただし、ビジネスの世界で読み書きされても、書き方が、会社や業界の習慣で決まっているような文章は対象外です。その習慣がいかに理不尽でも、習慣は理屈より優先されます。

本書の特徴

本書は、「読み手に負担をかけないビジネス文章」を書けるようになるために、次の特徴を有しています。

- 文章やパラグラフの構成に焦点を当てている
- なぜそう書くのかという理屈を丁寧に説明している

- 書き手が考慮すべきポイントを7つに絞っている
- 多くの例文と演習問題を掲載している
- 本書の説明そのものが、7つのポイントを守っている

本書では、文章やパラグラフの構成に最大の焦点を当てています。 語句の選択や文の作り方については、重要性を下げています。なぜなら、要領を得ない、わかりにくい文章は、文章やパラグラフの構成に問題があるからです。語句の選択や文の作り方が悪いからといって、「何を言っているのかわからない」文章になるわけではありません。文章やパラグラフをわかりやすく構成すれば、文章全体のレベルで、読み手の負担を軽減できます。その効果は絶大です。

本書では、紹介している文書構成やパラグラフ構成が、なぜ読み手の負担を減らせるのかも詳しく説明しています。 なぜかという理屈を知れば、その構成がどれだけ効果的なのかがわかります。また理屈を知っていれば、論理的な文章だけではなく、日常の携帯メールやプレゼンテーションにも応用できます。逆に、紹介している文書構成やパラグラフ構成を守らなくてよい例外も自分で判断できます。書き方を暗記しただけでは、典型的な状況からちょっと外れただけで、対応できなくなります。

また、本書では、書き手が考慮すべきポイントを7つに絞っています。「7」という数字は、人が短期的に覚えられる数が7±2である（46ページのコラムを参照）ことを考慮してのことです。ポイントを絞っているので、効率よく身につけられます。多くのポイントを学習すれば、たくさん学習したという満腹感は出るでしょう。しかし、学習したことをすべて記憶すること

も、文章作成時に意識することもできません。

さらに、本書では、できるだけたくさんの例文と演習問題を掲載しました。例文による理論の理解と演習によるチェックで、ビジネス・コミュニケーション能力を飛躍的に伸ばせられます。例文は、飽きずに学習できるよう、多岐にわたる内容になるよう配慮しました。あえてビジネス文章ではない例文も使っていますが、論理性が求められる文章に限定しています。演習問題は、書き換えや問題点の指摘の演習だけではなく、整理できていない情報から文章を起こす演習も掲載しました。ビジネスの現場での文章作成を再現することで、実践力を身につけられます。

本書では、本書の説明そのものが、本書で説明している7つのポイントに基づいて作成されています。したがって、7つのポイントを守れば、「読み手になるべく文章を読ませずに、それでいて必要な情報を伝達でき、一読で理解してもらえ、重要な情報を記憶に残せる」ことが実感できるでしょう。「こう書きましょう」と謳っている文章が、そう書かれていなければ説得力がありません。本書自体がビジネス文章の見本集にもなっていますので、書き方に悩んだときは、本書の文章を参考にしてください。

本書を読んでほしい人

本書は、論理的な文章の書き方を学んだことがある、ないにかかわらず、すべてのビジネスパーソンをターゲットにしています。

まず、論理的な文章の書き方を学んだことがない人は、本書でその基礎知識を習得してください。日本では、学校教育で論理的な文章の書き方をほとんど教えてくれません。したがって、ほとんどのビジネスパーソンは、論理的な文章の書き方を知りません。基本を知らなければ書けるはずはありません。

次に、論理的な文章の書き方を学んだことがある人は、本書でその知識をスキルに発展させてください。論理的な文章の書き方を学んだことがある人から見れば、本書で書かれていることは、特段目新しいことではないかもしれません。何しろ、欧米では学校教育で学ぶ内容ですから。しかし、知識とスキルは違います。知っているからといって書けるわけではありません。だからこそ、欧米では1年もかけて学習するのです（「ライティングはアメリカに学べ！」39ページ参照）。本書の中でも実践編は、スキル習得に効果的です。他社の類書にはない、実践的な演習を通じて、知識をスキルへと高められます。

本書の構成

本書は、基礎編、理論編、実践編の3編で構成されています。

基礎編では、具体的な書き方を学習する前に、知っておくべきポイントを説明しています。具体的には、ビジネス文章ではどんな書き方が求められるのか、なぜ書き方を学習すべきかなどです。また、わかりやすい文章を書く上で知っておくべき、人間の情報認知のステップを、認知心理学の立場から説明しています。

理論編では、読み手に負担をかけない文章を書くために考慮すべき7つのポイントを説明しています。ここでは、書き方ばかりではなく、なぜそのような書き方をすると読み手の負担を軽減できるのかという理屈も詳しく説明しています。さらに、そう書く上でのコツや、陥りがちなミスへの注意も説明しています。理論の理解が目的なので、説明には誰もが容易に理解できる日常的な文章を多く用いています。

実践編では、理論編で学んだ技術の応用の仕方について説明しています。ここでは、演習問題を通して、効果的なビジネス文章の作成方法を説明しています。演習問題は、ビジネスの現場での文章作成を意識して、書き直しではなく、生データから文章を作成する形を取りました。ビジネスの現場では、整理できていない生データからレポートなどを書くはずです。けっして、誰かの書いた文章を書き直すのではありません。したがって、生データからレポートなどが書けて、初めて実戦的な力があるといえるのです。ビジネス文章作成が目的なので、説明にはビジネスで使われるような文章を用いています。

本書の読み方

本書は、「書く技術」を身につけるためのノウハウ書ですが、見本集にもなっています。本書の文章は、すべて本書で説明している書き方で書かれています。そのため、本書を読むにあたっては、ここで説明するような飛ばし読みもできます。

本書は、その説明自体が、理論編で触れている7つのポイントに基づいて書かれています。

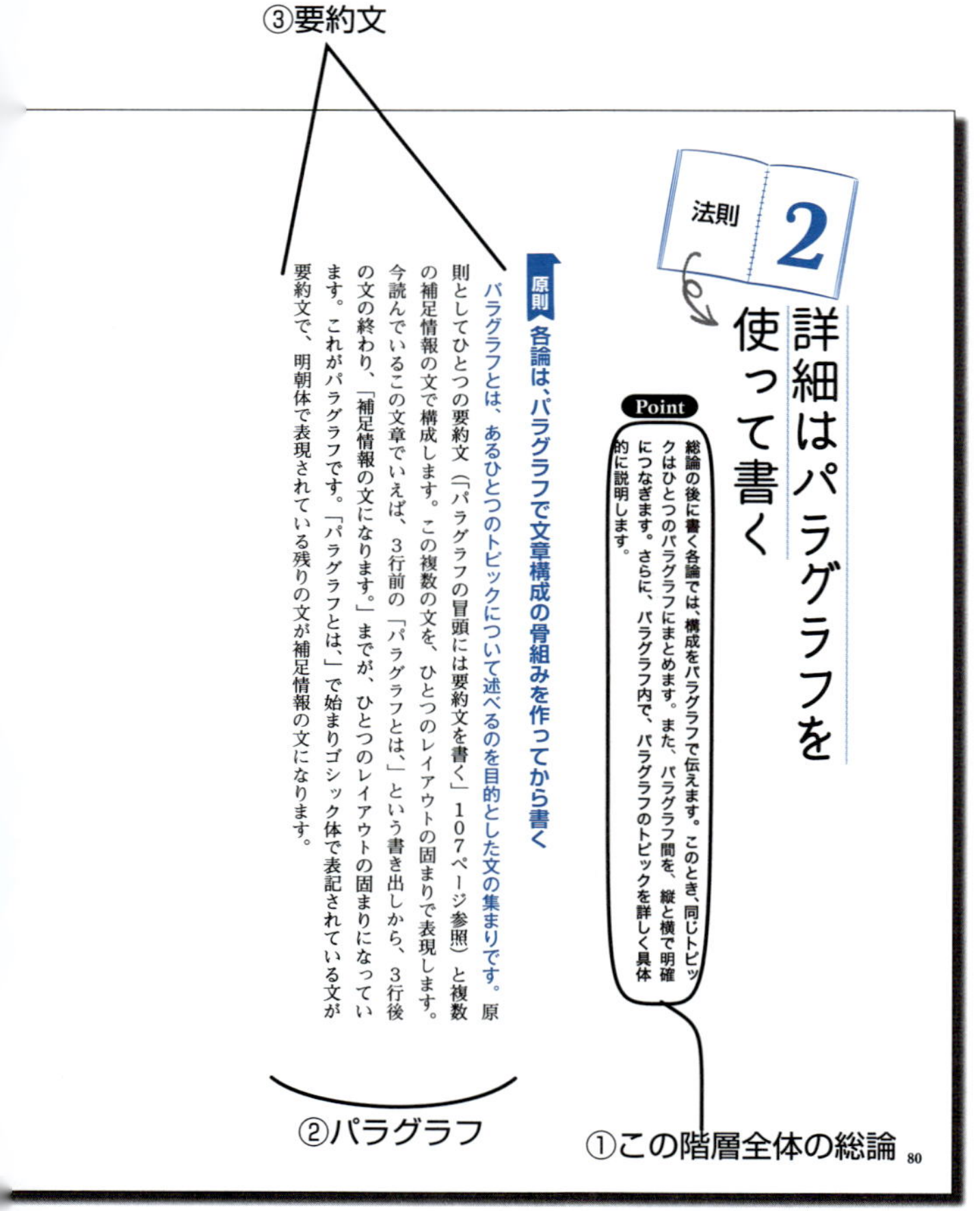
③要約文
法則 2
詳細はパラグラフを使って書く
Point
総論の後に書く各論では、構成をパラグラフで伝えます。このとき、同じトピックはひとつのパラグラフにまとめます。また、パラグラフ間を、縦と横で明確につなぎます。さらに、パラグラフ内で、パラグラフのトピックを詳しく具体的に説明します。
原則 各論は、パラグラフで文章構成の骨組みを作ってから書く
パラグラフとは、あるひとつのトピックについて述べるのを目的とした文の集まりです。原則としてひとつの要約文（「パラグラフの冒頭には要約文を書く」107ページ参照）と複数の補足情報の文で構成します。この複数の文を、ひとつのレイアウトの固まりで表現します。今読んでいるこの文章でいえば、3行前の「パラグラフとは、」という書き出しから、3行後の文の終わり、「補足情報の文になります。」までが、ひとつのレイアウトの固まりになっています。これがパラグラフです。「パラグラフとは、」で始まりゴシック体で表記されている文が要約文で、明朝体で表現されている残りの文が補足情報の文になります。
②パラグラフ
①この階層全体の総論
80

①文章の冒頭には、重要な情報をまとめて（総論を）書いている
②詳細はパラグラフを使って書いている
③パラグラフの冒頭には要約文を書いている
④文頭にはすでに述べた情報を書いている
⑤並列する情報は同じ構成、同じ表現（パラレリズム）で書いている
⑥ひとつの文では、ひとつのポイントだけを書いている
⑦無駄なく、簡潔に書いている

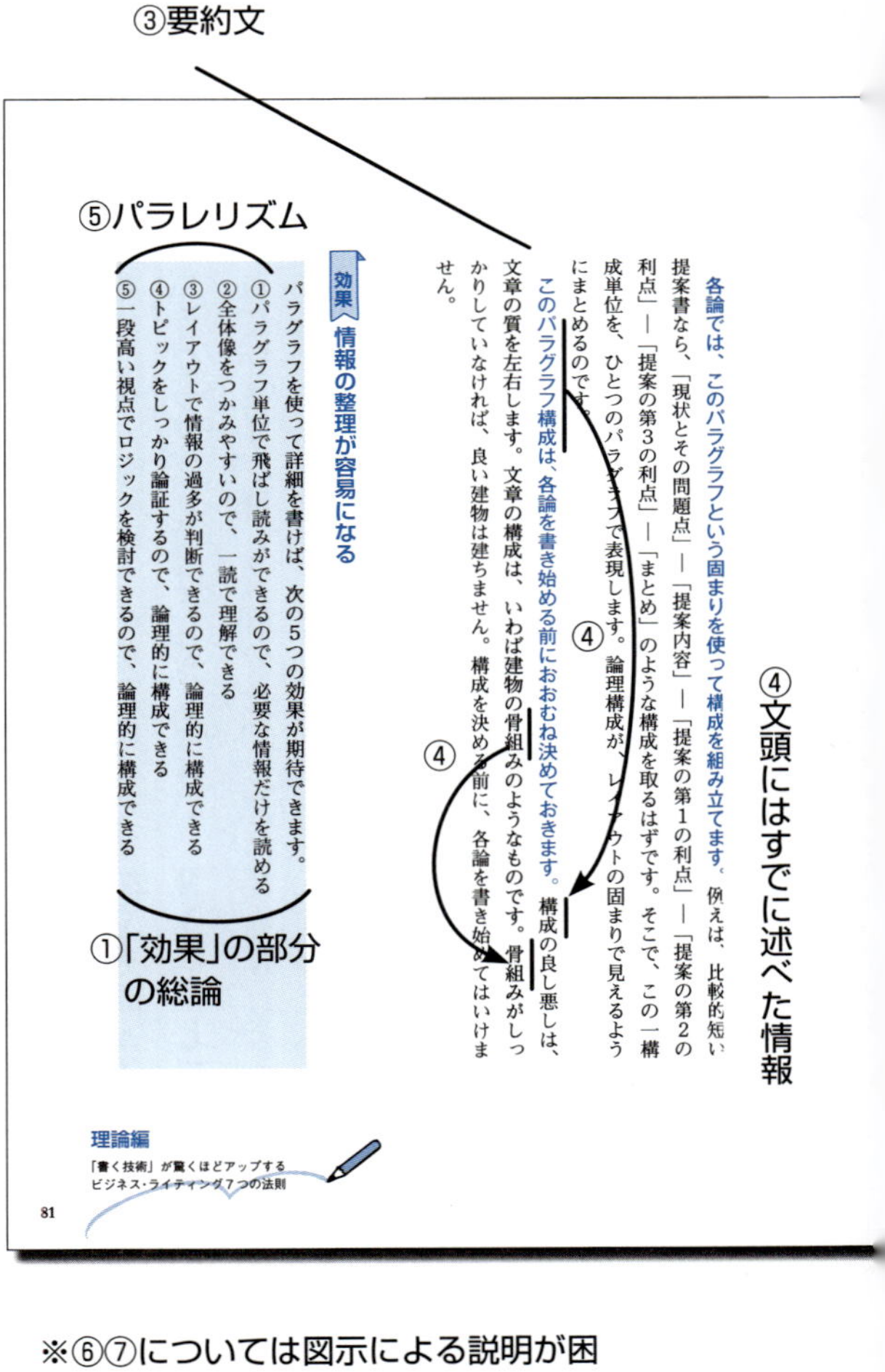

各論では、このパラグラフという固まりを使って構成を組み立てます。例えば、比較的短い提案書なら、「現状とその問題点」―「提案内容」―「提案の第1の利点」―「提案の第2の利点」―「提案の第3の利点」―「まとめ」のような構成を取るはずです。そこで、この一構成単位を、ひとつのパラグラフで表現します。論理構成が、レイアウトの固まりで見えるようにまとめるのです。

このパラグラフ構成は、各論を書き始める前におおむね決めておきます。構成の良し悪しは、文章の質を左右します。文章の構成は、いわば建物の骨組みのようなものです。骨組みがしっかりしていなければ、良い建物は建ちません。構成を決める前に、各論を書き始めてはいけません。

効果 情報の整理が容易になる

パラグラフを使って詳細を書けば、次の5つの効果が期待できます。
①パラグラフ単位で飛ばし読みができるので、必要な情報だけを読める
②全体像をつかみやすいので、一読で理解できる
③レイアウトで情報の過多が判断できるので、論理的に構成できる
④トピックをしっかり論証するので、論理的に構成できる
⑤一段高い視点でロジックを検討できるので、論理的に構成できる

理論編
「書く技術」が驚くほどアップする
ビジネス・ライティング7つの法則
81

※⑥⑦については図示による説明が困難なので省略。

試しに80、81ページを開いてみれば、本編で解説する7つのポイントに配慮していることが確認できます。80、81ページに限らず、他のどのページを開いてみても、この7法則が守られているはずです。したがって、どう書いたらよいか悩んだときは、本書の文章を参考にしてください。効果的な文章を作成する上で、良い見本となるでしょう。

そこで本書を読むにあたっては、各階層の先頭にある総論を読んで、詳しく知る必要がないと判断したら、その階層ごと飛ばしてください。読み飛ばしても、重要な情報は漏れなく伝わるように書かれています。詳しく知りたいと思う場合は、その階層を読み進みます。ただし、総論は、わずかな時間で概略がつかめるほど小さな階層の場合は、省略してあります。

階層を読み進めるときは、各パラグラフの先頭にある要約文を読んで、詳しく知る必要がないと判断したら、そのパラグラフごと飛ばしてください。読み飛ばしても、重要な情報は漏れなく伝わるように書かれています。詳しく知りたいと思う場合は、そのパラグラフを読み進みます。要約文だけを読んでも、その階層で伝えたいことが読み取れるように書いてあります。

また、本書で説明している書き方で本書が書かれていることを読者に意識してもらうために、編集上の工夫をしています。各階層の冒頭にある総論のパラグラフには、網掛けを施しています。また、各パラグラフの冒頭にある要約文は、フォントをゴシック体にしてあります。この2つの工夫により、本書で説明している最初の3つのポイントが、はっきりと意識できるはずです。

基礎編

「書く技術」が身につけば、仕事の効率はもっと上がる！

理論編

「書く技術」が驚くほどアップするビジネス・ライティング7つの法則

実践編

パターンと手順を覚えて、実務の文章作りにトライしよう

本書は、２０１４年４月弊社で刊行した同名の単行本の改定新版です。

No.
Date

ビジネスのための文章では、
- 伝達性（内容が効率よく伝わる）
- 論理性（内容が論理的に構成されている）
- 作業性（文章を速く書ける）

が求められます。

特に重要な伝達性では、「読み手に負担をかけない」こと、つまり、
- 読み手になるべく文章を読ませずに、それでいて必要な情報を伝達でき、
- 内容を一読で理解してもらえ、
- 重要な情報を記憶に残せる。

ことが重要になります。

このような伝達性、論理性、作業性の高い文章を書く能力を習得すれば、読み手も書き手も多くのメリットを得られます。しかし、「書く技術」は学んで初めて身につくのです。たくさん書けば、自然に身につくという技術ではありません。「読み手に負担をかけないビジネス文章」を書くには、メンタルモデルという考え方を理解しておくと有効です。

基礎編

「書く技術」が身につけば、仕事の効率はもっと上がる！

1 「読ませない」文章を書こう

2 文章の良し悪しがビジネスの成否を分ける

3 「書く技術」は経験では身につかない

4 文章を構成するには読み手のメンタルモデルに配慮しよう

5 負担をかける文章とかけない文章、どこに差があるの？

基礎 1

「読ませない」文章を書こう

Point

ビジネスのための文章では、伝達性と論理性、作業性が求められます。特に伝達性が強く求められるので、読み手に負担をかけない文章を書くことが大事です。そのためには、読み手になるべく文章を読ませず、それでいて必要な情報を伝達できなければなりません。また、内容を一読で理解してもらうことや、重要な情報を記憶に残せることも大事です。

◆「楽しみのための文章」と「ビジネスのための文章」

文章には、大きく分けて、楽しみのための文章とビジネスのための文章の2種類があります。

楽しみのための文章とは、内容を味わうために、読み手が進んですべてを読む文章です。その代表例は、小説やエッセイです。文章が次にどう展開するかを楽しみ、書かれていないことまでも、自分の感性で自分なりに解釈することを楽しむのです。読み手は、内容を味わって楽しむのですから、文章のすべてを読みます。一部分だけを読んで、粗筋さえわかればいいというわけではありません。

一方、ビジネスのための文章とは、情報を伝達し合うために、読み手が仕方なく必要な部分

だけを読む文章です。その代表例は、報告書や論文、回答書、提案書、議事録、説明文、意見文、マニュアル、ビジネスレター、通知文です。読み手の誰ひとりとして、文章を読みたいとは思っていません。読みたくないのですが、その文章に書かれている情報が必要なので、仕方なく読むのです。読み手は、できるだけ文章を読むことに労力を使わず、それでいて、必要な情報を入手したいと思っているのです。したがって、読み手は、必要な箇所だけを選んで読むことになります。

◆読ませないで情報伝達できる工夫が重要

読み手が、情報入手のために仕方なく読む以上、書き手は、読み手に負担をかけない文章を書かなければなりません。読み手に負担をかけないために第1に重要なことは、読み手になるべく文章を読ませずに、それでいて必要な情報を伝達することです。

たとえどんなに有益な文章であっても、文章の中には、必要な情報と不要な情報が混在しています。なぜなら、必要な情報とは、読み手によって変わるからです。ビジネスの世界でいうならば、管理職と担当者では、同じ文章を読んでも、必要な情報が異なります。1年目や2年目の社員にとっては必要な情報でも、10年目の社員には不要だということはよくあります。

したがって、ビジネス文章では、不要な情報を読ませないテクニックが必要です。同時に、必要な情報を読ませるテクニックが必要なのはいうまでもありません。読み手が文書中のどの情報を必要としたとしても、その必要な情報だけを読め、不要な情報を読まなくて済むようにしておけば、読み手の負担を減らせます。その結果、ビジネスの生産性が上がります。最後まで、すべてを読まない限り、必要な情報が手に入らないのでは、組織の生産性が下がってしまうでしょう。飛ばし読みをしたら、大事な情報まで飛んでしまうのであれば、ビジネスはトラブルばかりになってしまいます。

◆一読で理解してもらえる工夫が重要

読み手に負担をかけないために第2に重要なことは、内容を一読で理解してもらえることです。

忙しい読み手は、文章を1回サッと読んだだけですぐに作業に取り掛かります。 文章を繰り返し読んだり、熟読したりはしてくれません。読み手は、文章を読みたいのではなく、文章から得た情報を使って作業したいのです。なるべく短時間で情報を手に入れ、作業に時間をかけたいのです。文章を読むことに時間をかけたくないのですから、1回サッと読んだだけで、わかりにくい部分は理解できないまま作業へ進むことも珍しくはありません。

したがって、ビジネス文章では、一読でも誤解されないように書くテクニックが必要なのです。 たった1回サッと読んだだけでも、誰もが同じように理解できる文章だからこそ、読み手の負担が減るのです。その結果、ビジネスの生産性が上がります。一度読んだだけでは理解できなかったり、誤解したりしてしまう文章、あるいは読み手によって意味が変わる文章では、読み手は間違った行動をしてしまうかもしれません。最悪、会社に莫大な損害を引き起こしかねません。

◆重要な情報が記憶に残る工夫が重要

読み手に負担をかけないために第3に重要なことは、重要な情報を記憶してもらえることです。

忙しい読み手は、多くの文章を短時間で処理しています。その文章は、紙のレポートの場合もあれば、電子メールの場合もあるでしょう。多くの文章から得た情報に対して、自ら作業すべき情報なのか、記憶しておけばいい情報か、保存すべき情報かを判断します。さらに、作業するなら、どのような作業を、どのような優先度でしなければならないかも判断します。情報処理に時間をかけていたのでは、仕事が山積みになりかねません。

したがって、ビジネス文章では、重要な情報を記憶できるように書くテクニックが必要なのです。多くの文章を読んでも、重要な情報が記憶に残る文章だからこそ、読み手の負担が減るのです。その結果、正しい情報処理ができ、ビジネスの生産性が上がるのです。文章の内容が理解できても、重要な情報が記憶に残らないなら、読み手は間違った行動をしてしまうかもしれません。あるいは、行動を起こさなければならないことすら忘れてしまいかねません。

◆管理職には30秒で情報を伝達できるように書く

管理職は、文章を読み始めて30秒で、その文章に対する行動を決めます。したがって、重要な情報が30秒で、しかも一度読んだだけで伝わるように書かなければなりません。

管理職にとって必要な情報とは、誰にどのようなアクションを取らせればよいかを判断するのに必要な情報です。つまり、管理職には概略情報が必要です。例えば、管理職がある報告書を見たとき、その報告書から読み取ろうとするのは、「何についてのどんな情報が書かれているか」「その情報は自己の管理する組織にとって重要か」「重要なら誰にどんなアクションを取らせるべきか」ということです。

しかも、管理職はその情報を入手するのに、平均約30秒しか費やさないといわれています。管理職は30秒間斜め読みし、その間に得られた情報をもとに、部下に指示を出すのです。ですから、30秒で重要な情報を伝達できない文章は、その管理職によって無視されてしまうか、優先度を下げられてしまうか、不適切な処置をされてしまうことになります。

したがって、書き手は、重要な情報が30秒で漏れなく、しかも一度読んだだけで記憶に残るように書かなければなりません。つまり、重要な情報がどこに書かれているか一目でわかってもらえるように工夫しなければなりません。また、重要な情報は1カ所にまとめて書くことも必要です。さらに、30秒しか読まないのですから、一度読んだだけで、記憶してもらえるように書かなければなりません。

◆担当者には必要な情報が一目で伝わるように書く

担当者は、管理職の指示の下、作業をしなければなりません。したがって、作業に必要な情報が、なるべく短時間で伝わるように書かなければなりません。

担当者にとって必要な情報とは、上司の指示に基づき、具体的な作業をするための情報です。つまり、担当者には詳細情報が必要です。例えば、担当者がある報告書を見たとき、その報告書から読み取ろうとするのは、「この報告書のどこを読めば、正しい作業ができるか」「正しい作業をするには、何に気をつけるべきか」ということです。

担当者であっても、管理職と同様に、文章はできるだけ読まずに、必要な情報を入手しようとします。指示された作業を効率よく進めるために、文章を読むという作業は、できるだけ短い時間で済ませたいはずです。ですから、文章のすべてを読もうとしているわけではありません。求められているアクションを取るために必要な情報だけを読むのです。それ以外の部分は、できれば読みたくないのです。もし、作業を複数の担当者で分担するなら、必要な情報はさらに限定されるでしょう。

したがって、書き手は、1回読んだだけで必要な情報が理解でき、記憶に残るように書かなければなりません。つまり、読み手が必要な情報を容易に発見でき、不要な情報は読み飛ばせるように工夫しなければなりません。また、必要な情報は、一度読んだだけで、理解してもらえるように書くことも必要です。さらに、読んだ情報の中から重要な情報だけを記憶できるように書かなければなりません。すべてを読まなければ必要な情報が手に入らないなら、読み手の生産性が下がるばかりか、不要な情報に埋もれて必要な情報が伝わらないことになりかねません。

◆伝達性だけでなく、論理性や作業性も重要

ここまで「読み手に負担をかけない」という伝達性について説明してきました。ビジネス文章では、この伝達性以外にも、論理的に構成されているという論理性と、速く書けるという作業性も求められます。

ビジネス文章では、読み手を説得するために、論理性が求められます。この論理性は、特に提案書や分析レポートなどで強く求められます。論理的であるとは、文章を構成する各トピックが正しく接続されていて、かつ、そのトピックが十分に論証されている状態です。つまり、各トピックがブロック図のようにつながっていて、かつ、データや根拠によって裏打ちされていることです。トピックを漫然と羅列しただけではメモ書きと同じなので、論理性は生まれません。トピックにデータや根拠を伴わせないなら、根拠のない主張なので人を説得できません。

ビジネス文章では、素早く文章が書けるという作業性も求められます。読み手が必要な情報を入手するために、仕方なく文章を読むのと同様に、書き手は、必要な情報を伝えるために、仕方なく文章を書いているのです。書き手は、文章を書くという作業は、できるだけ短い時間で済ませたいはずです。数ページのレポートを書くのに丸一日を費やしていたら、ビジネスの生産性が下がります。

管理職向けの工夫と担当者向けの工夫

●その文章はどれくらい重要か？
●誰にアクションを命じるか？

管理職

管理職のための工夫

❶ 重要な情報が30秒で得られる
❷ 一度読んだだけで理解できる
❸ 重要な情報を記憶できる

●アクションに必要な具体的情報は？

担当者

担当者のための工夫

❶ 必要な情報を容易に発見できる
❷ 一度読んだだけで理解できる
❸ 重要な情報を記憶できる

基礎 2

文章の良し悪しがビジネスの成否を分ける

Point

情報化社会では、有効な情報をいかに効率よく共有化していくかが、生産性を高める鍵となります。効果的なビジネス文章が書ければ、読み手と書き手の両方でビジネスの生産性が上がります。効果的な情報伝達ができなくて困るのは、書き手側です。

◆有効な情報を効率よく共有化する

情報化社会において、書く技術は、ビジネスの成否を分ける強力なビジネス・ツールといえます。

インターネットが普及した現在、ビジネスの現場は情報であふれるようになりました。電子メールを日に１００通以上受信する管理職の方も珍しくありません。また、ホームページを通じて世界中の膨大な情報の中から、必要な情報を効率よく収集する必要も出てきました。すべてに目を通せないほど多くの情報におぼれながら日々の仕事をこなしているのです。今後も、この情報量は増えこそしても減ることはないでしょう。

あふれる情報の中から、有効な情報を文章によって効率よく共有化して、初めてビジネスの生産性が高まるのです。個人がそれぞれ有益な情報を探し出していたのでは、生産性の向上は望めません。情報を多数の間で共有するには、文章による伝達が最も効果的です。文章であれば、好きなときに、必要な情報だけを入手できるからです。

したがって、情報伝達の手段である文章の質が、ビジネスの成否を分けるといっても過言ではありません。ビジネスの生産性ばかりではありません。商品やサービスの質で勝っていても、それを顧客に正しく伝えられなければ、競争には勝てません。文章の質が低ければ、商売の機会を失うばかりでなく、会社の信用を失い、多額の賠償金を請求される可能性すらあります。質の高い文章は、それだけで強力なビジネス・ツールとなり得るのです。

◆読み手のメリット

効果的に書かれたビジネス文章なら、読み手には次の3つのメリットがあります。

- なるべく読まずに、それでいて必要な情報を入手できる（法則1、2、3、5）
- 内容を一読で理解できる（法則1、2、3、4、5）
- 重要な情報を記憶できる（法則1、3、5、6、7）

効果的に書かれたビジネス文章なら、文章のどの部分を読み、どの部分を読まなくていいかを素早く判断できます。なぜなら、文章全体はもちろん、階層ごとにポイントが先頭に書いてあるからです（「理論編」の法則1を参照）。各パラグラフでも、ポイントが先頭に書いてあるからです（「理論編」の法則3を参照）。文章、階層、パラグラフでポイントが先頭に書いてあれば、読み進むべき文章か、読み進むべきならどの階層を、どのパラグラフを読むべきかが素早く判断できます。また、読むとするなら、今すぐ読むべきか、今日中や今週に読めばいいのかなども判断できます。必要な情報だけを、タイムリーに読めるのですから、それだけ読み手の生産性が上がります。

効果的に書かれたビジネス文章なら、その内容をわずかな時間で正確に理解できます。なぜなら、文章の展開が予測できるように書かれているからです（「理論編」の法則1、3、4、5を参照）。また、ロジックの構成単位がはっきり見えるからです（「理論編」の法則2を参照）。先を予測しながら、ロジック単位を明確に意識しながら読めるので、サッと読んだだけで内容を正確に理解できます。読み返す必要もなければ、書き手に不明点を問い合わせる必要もありません。情報入手に無駄な時間を割かずに済みます。また、誤解による無駄な行動がなくなるので、それだけ読み手の生産性が上がります。

効果的に書かれたビジネス文章なら、重要な情報を記憶として残せます。なぜなら、文章、階層、パラグラフで、ポイントが最も目立つ先頭に書かれているからです（「理論編」の法則1、3を参照）。また、重要性の低い情報を飛ばせるように書いてあるからです（「理論編」の法則1、3、5を参照）。重要性の高い情報が、重要性の低い情報でぼけてしまうことはありません。重要な情報が記憶として残れば、作業が正確に進むので、それだけ読み手の生産性が上がります。

◆書き手のメリット

ビジネス文章を効果的に書けば、書き手には次の4つのメリットがあります。

- 内容を一読で理解してもらえる（法則1、2、3、4、5）
- 重要な情報を印象に残せる（法則1、3、4、6、7）
- 論理的に構成できる（法則2、4、5）
- 文章を速く書ける（法則2、4、5）

ビジネス文章を効果的に書ければ、伝えたいことをほぼ正確に読み手に伝えられます。なぜなら、文章全体はもちろん、階層ごとにポイントを先頭にまとめて書くからです（「理論編」の法則1を参照）。また、ロジックの構成単位がはっきり見えるように書くからです（「理論編」の法則2を参照）。ポイントがまとめて書いてある上、ロジック単位がはっきり伝わるのですから、その内容が正確に伝わります。伝達すべき情報が確実に伝わり、読み手が期待したアクションを起こしてくれるのですから、書き手の生産性が上がります。

ビジネス文章を効果的に書ければ、その内容を読み手に強く印象づけられます。なぜなら、文章、階層、パラグラフでポイントを、最も目立つ先頭に書くからです（「理論編」の法則1、3を参照）。また、重要性の低い情報を飛ばせるように書くからです（「理論編」の法則1、2、

3、5を参照)。重要性の高い情報が、重要性の低い情報でぼけてしまうことはありません。読み手が重要な情報を確実に記憶してくれるのですから、ビジネスがスムーズに進み、それだけ書き手の生産性が上がります。

ビジネス文章を効果的に書ければ、内容をより論理的に構成できるようになります。 なぜなら、ロジックの構成単位がはっきりわかるように書き、しかも、各構成単位をしっかり論証しながら書くからです(「理論編」の法則2を参照)。また、情報漏れがあれば、すぐにわかるように書くからです(「理論編」の法則5を参照)。物事を論理的に考えられれば、それだけ書き手の生産性が上がります。

ビジネス文章を効果的に書ければ、短時間で文章を作成できます。 なぜなら、情報の流れを意識して書くために、文が自然と頭に浮かぶからです(「理論編」の法則4を参照)。また、文章構成をそろえて書くからです(「理論編」の法則5を参照)。文章を書くのに時間を取られなければ、それだけ書き手の生産性が上がります。

◆困るのは書き手のあなた!

情報伝達の責任は、書き手側にあります。読み手に責任を押しつけてはいけません。

効果的な情報伝達ができないとき、困るのは書き手側なのですから、書き手が情報伝達の責任を負うべきです。 伝達したはずなのに、対象者が肝心の情報を知らないとか、期待したアク

読み手と書き手のメリット

読み手のメリット

- 必要な情報だけを読める
- 内容が一読で理解できる
- 重要な情報を記憶できる

書き手のメリット

- 内容を一読で理解してもらえる
- 重要な情報を印象に残せる
- 論理的に構成できる
- 文章を速く書ける

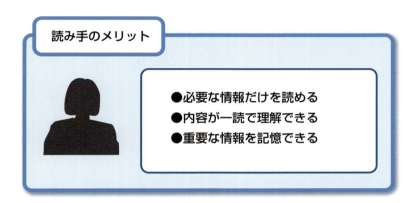

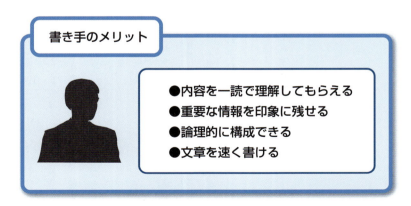

ションを取ってくれないとかの場合、仕事の生産性が低下するのは書き手なのです。特に、読み手が上司や顧客の場合は深刻です。扱っている製品がいかに優れていても、それを顧客に伝えられないなら、売れるはずもありません。また、顧客が誤った解釈をしてしまうと、莫大な損害賠償を求められることにもなりかねません。結局、書き手が何とかしなければ、書き手が困るのです。

情報が正しく伝達できなかったとき、その責任を読み手のせいにしてはいけません。仮に、読み手が読むべき情報を読んでいなかったとしても、書き手側が、「なぜ、読み手はこの情報を読み落としたのだろう」と考えるべきです。読み手が内容を誤解したなら、書き手側が、「なぜ、読み手はこの情報を誤解したのだろう」と考えるべきです。「報告書をちゃんと読め」などというセリフは、人間関係を悪くするだけで何の解決にもなりません。

基礎 3

「書く技術」は経験では身につかない

Point

効果的なビジネス文章を書くためには、ライティングの基本的な手法を学ばなければなりません。この手法は、文章をたくさん書いているうちに自然と身につくものではありません。ライティングの手法を学ぶにあたり、日本のライティング教育はまだまだ遅れているので、アメリカの進んだ理論を参考にすることにします。

◆知らなければ書けない

文章によって効果的なコミュニケーションを図るには、ライティングの正しい手法を知っておく必要があります。ライティングには、「読み手に負担のかからない」ことに代表される「効果的なコミュニケーション」のための手法が数多くあります。これらはすべて、なぜ効果的なコミュニケーションを実現できるのかという理由づけがなされています。例えば、「総論」「パラグラフ」「要約文」「既知から未知の流れ」などは、効果的な文章を書く上で、絶対に知っておかなければならない概念です。正しい手法にしたがって書くことにより、効果的なコミュニケーションができる文章を、効率的に作成できるのです。

◆知っていても実践しなければ書けない

しかし、知っているだけでは不十分で、書けるようになるには、実践とフィードバックによって、知識をスキルにしなければなりません。

ライティングの手法を知っているからといって書けるわけではありません。知識とスキルは異なります。知識が必要に応じて自然と頭に浮かぶようになって、初めてスキルになるのです。ビジネス書の解説を読んだだけなら、得たのは知識であってスキルではありません。本書に書いてあることを知っているからといって、本書を読む必要がないということではありません。ましてや、論理的な文章が書けるわけでもありません。

文章を書けるようになるには、実践とフィードバックが必要です。つまり、演習問題を解き、解説を読んでセルフチェックするのです。この実践とフィードバックによって、知識がスキルへと変化するのです。だからこそ、本書では、理論編と実践編で多くの演習を載せ、ポイントを解説しているのです。

◆経験では書けるようにはならない

ライティングの力は、学習することで身につくのであって、経験では身につきません。

経験を通じて身につくのは、自らのアウトプットに対して客観的なフィードバックが得られるスキルです。例えば、エンジニアリングスキルや営業スキルです。これらのスキルは、他社と性能を比較したり、同僚と営業成績を比較したりすることで、自己あるいは自社のスキルの高さや低さがわかります。スキルが低いとわかれば、何らかの対策を講じます。例えば、より上級の人からアドバイスをもらったり、他の人がやっていることをマネしたりするのです。すると、性能や営業成績が上がる、あるいは下がるという形でフィードバックが得られます。このフィードバックを頼りに効果的な手法を残し、効果のない手法を捨てるので、経験でスキルが上がるのです。

しかし、ライティングに関してはフィードバックがほとんど得られません。ビジネス文章なら、内容に関するフィードバックはあるでしょうが、書き方に関してはフィードバックがありません。まれにフィードバックがあっても、客観的ではなく主観的な、つまり、「私はこういう文章が好き」という意見にすぎません。フィードバックがないので、自分の文章が効果的かどうかわからないのです。結局、何の改善もしないまま、何年も同じレベルの文章を書き続けているケースもあります。

◆ライティングを軽視する日本

ところが、残念ながら日本では、効果的なコミュニケーションのための文章作成法を学ぶ機会はほとんどありません。そのため悪文がはびこっています。

まず、文章の書き方を学校で学ぶことはほとんどありません。中学校や高校はもちろん、大学においても、卒業論文や学会論文を書かなければならないのに、文章の書き方を教えているところはわずかにすぎません。私は、新入社員を対象に実施している文章講座で、『これまでに文章の書き方に類する授業を受けたことがありますか？』と質問するときがあります。手が上がるのは、１００人に１人程度です。

学んだことがないのですから仕方ありませんが、日本では悪文が横行しています。日本のビジネス文章のほとんどが、効果的なコミュニケーションを阻害するものだといっても過言ではありません。その証拠に、多くの人は、文章とは忍耐強く読むものだと思い込んでいます。効果的に書かれた文章は、わかりやすく、短時間で必要な情報が入手できます。しかし、そういう文章を見たことがないだけではなく、あまりに悪文があふれているため、悪文を悪文と感じなくなってしまっているのです。悪文によって仕事の生産性が落ちていても、それに気付いてもいないのです。

さらに悪いことには、効果的なコミュニケーションができないのは読み手の責任であるかのような風潮すらあります。例えば、社会人もしくは社会人予備軍に対して、「下記の文章の『その』とは何を指すか？」などというテストが実施されることがあります。確かにわかりにくい文章を読解する力も必要です。しかし、そもそも「その」が何を指すかあいまいな文章を書く側が悪いという認識こそ、ビジネス文章での効果的なコミュニケーションには必要なのです。

◆ライティングはアメリカに学べ！

効果的なコミュニケーションのできるビジネス文章の書き方を学ぼうとすれば、質と量の両面で進んでいるアメリカを参考にすることになります。

アメリカでは、学校教育の中で、効果的なコミュニケーションのための文章作成法を学びます。ほぼすべての大学1年生が、academic writingやfreshman writingという講座で、ライティングを最低半年間勉強します。大学1年生で勉強しておかないと、その後の大学および大学院でレポートや論文が書けないからです。また、大学には、writing centerや、writing laboratoryといった組織が、学生の書いたレポートや論文をチェックしてくれます。2014年現在、全米で少なくとも182の大学がライティングの講座を提供しています（Society of Technical Communicationのホームページのリンク先から集計）。

さらに、アメリカのライティングの理論は、日本よりかなり進んでいます。アメリカにはTechnical Communicationだけで博士号の取れる大学が数多く存在します。また、ライティングに関する多くの学会や協会があります。効果的なコミュニケーションのための研究や実践が盛んなので、日本よりはるかに理論が進んでいるのです。

基礎 4

文章を構成するには読み手のメンタルモデルに配慮しよう

Point

メンタルモデルとは、人が頭の中に作る自分なりの理解の世界です。理解しやすい文章を書くには、読み手にこのメンタルモデルをできるだけ具体的に作らせ、そのモデルを壊さぬように文章を展開しなければなりません。

◆予測通りの展開が理解を深める

読み手が内容を一読で理解できることと、読み手の予測通りに文章を展開することは深い関係があります。この関係を、認知心理学では「メンタルモデル」という概念で説明しています。

メンタルモデルとは、入力情報に対する、読み手なりの理解のことです。人はある情報が入ってくると、その情報を自分なりに消化しようとします。そのために「これはこういうことだろう」と、心の中で自分なりの世界を作ります。これがメンタルモデルです。

人は、メンタルモデルを作ることで、入力情報をなるべく高速に処理しようとします。情報が入力されると、その入力情報を自分なりに理解をしてメンタルモデルを作ります。いったんメンタルモデルができると、メンタルモデルに関連する情報を活性化します。次に、この活性化した情報をもとに、次の展開を予想します。次の入力情報が予想通りであれば、関連情報が活性化しているので、その入力情報を高速に処理できます。つまり、理解しやすいと感じるのです。

例えば、ある文章の中で「第1の原因は、」とあるのを読めば、人は次の2つのことを予想しながら、なるべく高速に情報を処理しようとします。

- 「第1の原因は、」の直後には、原因が説明される
- 第1の原因を説明した後に、「第2の原因は」というキーワードとともに第2の原因が説明される

読み手は、この2つの予想をしながら、関連情報を活性化させつつ文章を読み進みます。ここで、予想通り、直後に第1の原因が説明され、その後、「第2の原因は、」というキーワードとともに、第2の原因が説明されれば、読み手はこれらの情報を高速で処理できるのです。

◆メンタルモデルが崩れると情報処理が遅くなる

読み手が「わかりにくい」と感じるのは、書き手が読み手のメンタルモデルを無視しているからなのです。つまり、わかりにくい文章となってしまう原因のひとつは、文章が上手・下手という問題ではなく、文章の並べ方や情報の出し方に関係しているのです。

情報が、読み手のメンタルモデルの予測通りに入力されないと、読み手はわかりにくいと感じます。次の情報展開が読み手の予想に反すると、読み手は自分の作ったメンタルモデルが誤りであることに気付き、メンタルモデルを修正します。新しいメンタルモデルによって、新たな情報を活性化した上で、次の入力情報を処理しようとします。情報がスムーズに処理されないので理解しにくくなるのです。

例えば、先の例で、「第1の原因は、」の直後に原因が説明されなければ、読み手はその文章をわかりにくいと感じます。なぜなら、読み手のメンタルモデルが崩れるからです。読み手は、「これは書き手のミスだ」あるいは「この後に原因の説明がされるのか?」と、新たなメンタルモデルを作ります。メンタルモデルを修正しなければならないだけ、「理解しにくい」と感じてしまうのです。

あるいは、もし、第2の原因を説明するときに、「第2の原因は、」というキーワードが使われなければ、読み手は混乱します。読み手のメンタルモデルの中では「第2の原因は、」というキーワードが活性化されているので、このキーワードが来ないと、最悪の場合、第2の原因を認識できません。仮に、第2の原因を認識できても、そのために読み直したり、メンタルモデルを修正したりと、大きな負担を強いられるので、わかりにくいと感じます。

メンタルモデルが崩れる例を紹介しましょう。次の文章（1999年8月24日読売新聞）では、メンタルモデルを無視して書かれている（キーワードがない）ため、第3の理由が一読で

頭の中の情報処理はこうなっている

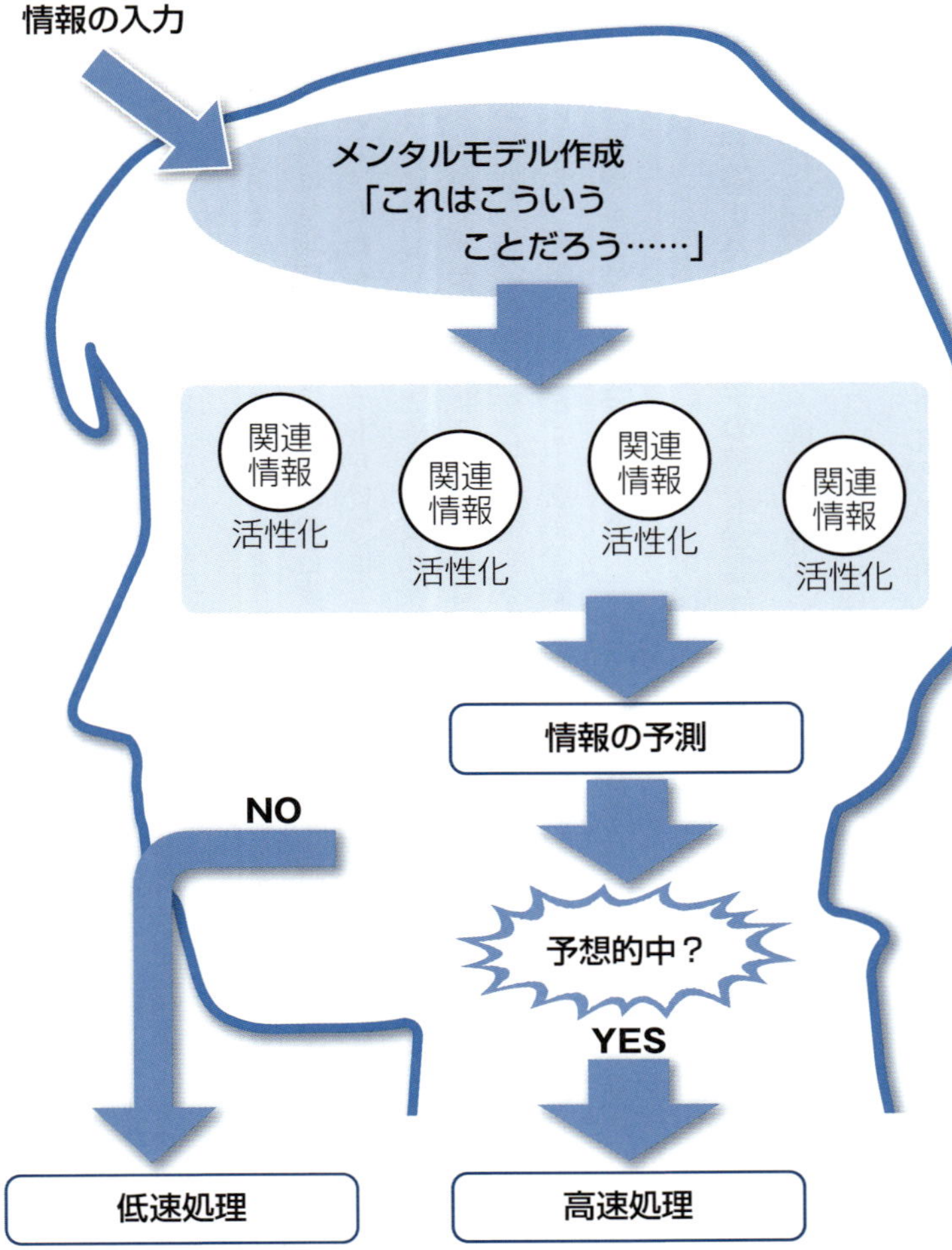

は理解できません。

公務員の給与を下げるべきだという声が強まっている理由は、三つある。

ひとつは「民間がこれほど大変な中で、公務員は雇用だけでなく昇給も保証されている」という批判だ。

第二は、給与カットそのものが、自治体に大きな財政改善をもたらすことだ。東京都を例にとると、給与関係費は今年度一兆八千七百億円と歳出全体の30%を占め、財政を圧迫する最大の要因になっている。ただし給与カットだけでは、半減でもしない限り追いつかない。財政の帳じりを合わせるためには、福祉などを含む支出全般の見直しが必要となる。

賃下げを断行する最も重要な理由はそれだ。都は「ばらまき福祉」との批判もある、美濃部時代からの現金給付型の高齢者対策などを削減する方向で検討しているが、知事らは「まず職員から痛みを分かち合う姿勢がなければ、都民は福祉カットを許さないだろう」と判断。賃金ダウンをめぐって職員組合と対決することになっても、「世論の支持は得られる」と腹を固めた。

◆メンタルモデルに配慮すれば読み手の読解速度はグンと増す

このように、読み手に理解しやすいと感じさせるには、メンタルモデルに配慮した書き方が必要になります。具体的には、次の2点に配慮すると効果的です。

- 読み手にできるだけ明確なメンタルモデルを作らせる
- 読み手のメンタルモデルによる予想通りに文章を展開する

読み手にできるだけ明確なメンタルモデルを作らせるために、ポイントとなる情報を先に述べます。ポイントとなる情報は、文章の場合もあれば、文や単語の場合もあります。例えば、「〜なのが原因です。〜なのも原因です」と書くより、「第1の原因は〜です。第2の原因は〜です」と書いたほうが理解しやすくなります。なぜなら、後者のような書き方をすれば、読み手は「これから原因を複数述べるはずだ」というメンタルモデルを作れるからです。また、その予想をもとに、原因を理解するのに必要な関連情報をあらかじめ活性化できるからです。

また、読み手の予想通りに文章を展開するために、先にポイントとなる情報を述べた後、その順番のまま、次に詳しく説明します。例えば「原因はAとBとCです」と先に述べたなら、A、B、Cという順番で原因の詳細や対策の説明をすべきです。なぜなら、読み手のメンタルモデルの中には「AとBとC」という順番が存在するからです。それ以外の順番で説明すると、読み手の予想を裏切ることになるので、理解しにくいと感じさせてしまいます。例えば「原因はAとBとCです」と述べておきながら、その次にBについて文章を展開すれば、読み手は「Aの説明はどうしたのだろう？」と思うわけです。

Column

認知心理学のメモリモデル

認知心理学では、人間の頭の働きを、長期メモリと短期メモリの２つのメモリでモデル化しています。頭の中に入ってきた情報は、短期メモリで一時的に保管されます。情報が長期メモリに移動されると、長期間覚えていられるようになるのです。文章を書くときには、短期メモリの能力を意識しなければなりません。

短期メモリには、７±２個の情報を約20秒、蓄えられます。ここでいう７±２個とは言語上のある種の固まりを意味しています。意味のない文字の羅列であれば７±２字ですし、単語単位の羅列なら７±２語です。

長期メモリには、ほぼ無制限の情報をほぼ永久的に蓄えられます。生まれてこのかた記憶している情報はすべて、この長期メモリに入っているのです。ただし、短期メモリに入った情報を、長期メモリに移すには、何度も繰り返したり、特別に強い衝撃を受けたりしなければなりません。

短期メモリに能力を超えた情報が入力されると、一部の情報が欠落するため、読み手の理解を妨げます。例えば、主語と述語の間に７個以上情報が入っているような文なら、述語を読むまでに、その情報のうちいくつかが欠落することになります。それがたまたま重要な情報なら、誤解や読み落としになるわけです。ですから、最後まで読まないと理解できないような文の場合、わかりにくいと感じるのです。

しかし、情報が多くても、短期メモリが途中でクリアできる文なら、いくら長くても理解できます。例えば、「何年には何があって、」のように、年ごとの出来事を羅列するような文です。このような場合、ひとつの出来事ごとに短期メモリがクリアできるので、長くつながっても理解できるのです。ただし、このような羅列した文は、理解は可能ですが、各出来事が均等に羅列されてしまうので、それぞれの印象は薄くなります。印象が薄くなっても良い（それだけ重要でない情報）ならば、羅列しても構いません。

基礎 5

負担をかける文章とかけない文章、どこに差があるの？

Point

では、実際に「読み手に負担をかけない文章」とは、どのようなスタイルの文章なのでしょう。ここでは、「読み手に負担をかけない文章」と「読み手に負担をかける文章」の両者を読み比べて、どこに違いがあるのかを体感してみましょう。

◆負担のかかり方を比べてみよう

ここでは、「読み手に負担をかけない文章」と「読み手に負担をかける文章」とを読み比べていただきます。ここから先、この章が終わるまでは、指示にしたがって、読み飛ばすことなく進んでください。

まず、次に紹介する例文を読んで、それに続く設問に答えてください。ただし、文章を読むにあたり、次の3つの注意事項を守ってください。

- メモを取ったり、下線を引いたりしない
- しっかり理解できるペースで読む

●途中でわからなくなっても、読み戻らないでは、読んでみましょう。

例文1

ナイフを使った、少年による凶悪な傷害事件が多発している。原因は、ナイフを容易に入手できる社会と、少年の未熟でゆがんだ心にある。事態は深刻なので、早急に対策を講じなければならない。まず、ナイフ販売業者は少年への販売を自粛すべきである。また、学校は積極的に生徒の持ち物を検査すべきだ。さらに、家庭は、犯罪を軽んずることのないよう少年を導かなくてはならない。

事態は深刻である。中学一年生（13）が女性教諭を刺殺した事件は記憶に新しい。今度は中学三年生（15）が同種のナイフで巡回中の警察官を刺し、強盗殺人未遂、銃刀法違反などの現行犯で逮捕された。少年は「殺害してでも短銃を奪いたくなった」と供述しているという。

発生件数も増加の一途だ。校内暴力は八〇年代の「荒れる学校」に続く第二のピークの様相を見せている。発生件数も、年間一万件を超えた。凶悪犯で逮捕・補導される少年も急増している。しかも、非行歴がまったくなく初犯で強盗、あるいは殺人未遂というケースも目につく。

第一の原因は、未成年が容易にナイフを入手できる現状にある。少なからぬ少年たちがいつもナイフを身につけている。それで存在感を示したり、あるいは持っているだけで安心したりするという。身につけていれば、何かのはずみで使ってしまうことも当然増える。

第二の原因は、少年の未熟でゆがんだ心にある。命を尊ぶ気持ちが希薄になっている。また、自分を抑制する力が弱くなっている。兄弟げんかをしたり地域の仲間にもまれたりする機会が少なくなったせいか、手加減を知らない。残酷なシーンであふれる劇画やアニメ、テレビゲームなどの影響を受けているとも指摘されている。さらに、罪の意識も弱い。ごく普通の家庭の子供たちが万引きや自転車の窃盗などを起こしている。

社会全体が早急に対策を打たなければならない。ナイフを持たせないためには、ナイフ販売業者と学校が、未熟でゆがんだ心には、家庭が責任を持って取り組むべきだ。

第一に、ナイフ販売業者は少年への販売を自粛すべきだ。刃体六センチを超える刃物の携帯は、原則として銃刀法で禁じられている。その禁じられている刃物が、未成年者に野放しで売られているのは問題だ。

第二に、学校は積極的に生徒の持ち物を検査すべきだ。持ち物検査はプライバシーを侵すという反対意見もあるが、ことは命にかかわる問題なのだから、プライバシーより優先されるべきである。しかし、管理主義に陥ってはならない。また、なぜ持ち物を検査するのか、よく説明することも必要だ。

第三に、家庭が中心に、学校や地域も協力して、犯罪を軽んずることのないよう少年を導くべきだ。命を尊び、自分を抑制することを学ばせなければはならない。また、たとえ軽犯罪であろうと、罪の意識を強く持たせることも大事だ。

子供たちがここまで歯止めを失い、凶暴化してしまった現実を、社会全体が受け止めなければならない。社会全体で非行の芽を摘み、善悪の区別を説かなければならない。

文章を読み終わったら、次の設問に答えてみてください。

問1 少年による傷害事件増加の原因は何だといっていましたか？

問2 少年による傷害事件を防ぐために誰がどうすべきといっていましたか？

設問に答えたら、続いて次の文章を読んで、後の設問に答えてください。ただし、先ほどと同様に、次の3つの注意事項を守ってください。

- メモを取ったり、下線を引いたりしない
- しっかり理解できるペースで読む
- 途中でわからなくなっても、読み戻らない

では、読んでみましょう。

例文2

中学生による教師刺殺事件の衝撃が冷めやらないまま、連鎖反応のようにナイフ事件が続いている。町村文相からは、中高生に呼びかけるアピールも出された。

事態は深刻だ。再発の防止に向けて、行政や学校だけでなく、保護者や住民、ボランティアを含めて、社会全体があらゆる手立てを講じなければならない。

同級生を死亡させる事件の起きた埼玉県東松山市の中学では、先月初め、匿名によるナイフ所持調査を実施していた。

3％にあたる二十四人いることが分かったものの、持ち主を特定できないまま、全校生徒に

「持って来ないよう」指導したという。結果から見て、取り返しのつかない事態を招くことになってしまった。

子供たちに学びと生活の場を提供している学校には、安全を確保する義務がある。学校は、いかなる場合も危険な場所であってはならない。まして義務教育である中学は、親にとって、法律的に「行かせなければならないところ」でもある。

従って、学校での所持品検査の実施は、ためらうべきではない。その際、校長が必要と判断した上で、保護者や子供の理解を求めつつ、状況に応じた適切な方法が求められることは言うまでもない。

事は、人命にかかわる問題であり、緊急的な措置として、プライバシーなどの問題に優先されるべき課題だ。

我が子に疑わしい点があれば、親はチェックするのが当然だ。ＰＴＡと学校とが協力し合って、所持品検査に当たる例があってもいいのではないか。

子供の問題行動の前兆を、日ごろから素早くかつ的確につかむための努力も、学校と保護者の双方に求めたい。

確かに、昨今の問題行動は、昔ながらのものに加えて、周りの者が予見しにくいタイプが増えている。「おとなしいから」と普段はあまり注意を払うことのなかった子供が、突然暴れたりする。

「普通の子が突然に」などと、最近しばしば指摘される。だが、短絡的に人を傷つけたり死に至らしめるような行為が、「普通」であるはずがない。

一見、突発的に見えるものでも、丹念に観察すれば、例えば心身の不調とか、ささいなことに過剰な言動をしていたなどの前兆が必ずあると専門家も指摘する。
そのためには、子供を見る感度を高めると同時に、従来とは異なる物差しも用意する。それが、子供を深く理解し、事件を未然に防ぐことにつながるといい。
仮に問題が生じた場合、その認識を学校全体が共有することが欠かせない。日ごろから、校長を中心にしっかりした校内体制を作っておくと同時に、問題の軽重に応じて、児童相談所や警察など外部の機関と連携を組むことも必要だ。
学校や家庭、地域で息長く続けるべきこともある。がまんをすること、物事にはルールがあること、人の命のかけがえのなさなどについて、子供たちに何度でも繰り返し伝えていくことだ。すべての大人が「自らなすべきこと」だと自覚したい。

文章を読み終わったら、次の設問に答えてみてください。

問1 少年による傷害事件増加の原因は何だといっていましたか？

問2 少年による傷害事件を防ぐために誰がどうすべきといっていましたか？

◆読み比べた結果を確認しよう

さて、いかがだったでしょうか？　明確に答えられたでしょうか？　より明確に答えられたほうが、ビジネス文章として見たとき、より効果的な文章、読み手に負担をかけない文章といえます。どちらがより読みやすく、理解しやすかったでしょうか？

2つの文章の出典を明かしましょう。例文1は、読売新聞の社説（1998年2月3日）を筆者が書き直したものです。一方、例文2は、例文1と似たような問題について書かれた読売新聞社説（1998年3月12日）を原文のまま引用したものです。

ビジネス・ライティング的には、例文1のほうが読み手に負担をかけない文章です。事実、私が社会人相手に開催している文章講座で、同じ問題を出すと、ほぼ9割の方が「例文1のほうが読みやすい、理解しやすい」と回答されます。過去、のべで数千人に読み比べていただきましたが、毎回ほぼ同様の結果でした。

もし、読者の中で例文2のほうが「読みやすい、理解しやすい」と感じた方がいらっしゃったとしたら、その理由は次のいずれかでしょう。

- 普段、新聞の社説あるいはそれに近い文章をよく読むので、社説スタイルの文章に親しんでいる（わかりやすさではなく、好き嫌いで判断した）
- 例文1と例文2は似たような内容なので、後のほうが理解しやすい（メンタルモデルによって関連情報が活性化されている）
- 例文2の後にも例文1と同じような設問が来ると予想して、例文2は設問を意識して読み進んだ

なぜ、例文1のほうが読み手に負担のかからないかは、次の「理論編」を読んでいただけれ

ば理解できます。 ここでは、とりあえず体感していただくだけにとどめます。「理論編」を読んだ後で、もう一度、先の２つの文章を読み比べていただければ、例文１のほうが明らかに読みやすく、理解しやすいということと、なぜそうなのかということがわかっていただけるはずです。

Column

文章とスピーチの違い

文章とスピーチでは、コミュニケーションの主導権を握っているのが、発信者なのか受信者なのかが大きく違います。その結果、説明の順序や強調すべき位置が異なります。

文章は、コミュニケーションの主導権を受信者が握っています。そのため受信者である読み手は、読み方を勝手に決められます。読み手は、読む速度や読む箇所を勝手に決めます。読み手は、細部まで読む場合もあれば、概略だけ、一部分だけを読む場合もあります。また、読み手は、わかりにくい部分を読み戻るという判断もできます。

一方、スピーチは、コミュニケーションの主導権を受信者である話し手が握っています。聴衆は、聞きたい箇所を指定したり、わかりにくい部分を聞き返したりはしにくくなります。多くの場合、聴衆は、そのスピーチを最初から最後まで通しで聞くことになります。

そこで、文章では重要な順が基本となります。なぜなら、読み手は全部を読んでくれるとは限らないからです。しかし、必ず上から下へと読むはずです。そこで、重要な順に書いておけば、少なくとも重要な情報くらいは読んでもらえます。

一方、スピーチは、全部を聞くのが前提なので、重要な情報を最後に取っておく戦略も使えます。もちろん、重要な順も使えます。どのような順に述べるかは、聴衆や内容によって変えられるのです。

また、文章は、書き出しに力を入れます。なぜなら、読み手は最後まで読んでくれるとは限らないからです。しかし、読み手は絶対に最初の部分は読みます。文章にとって、最後のまとめは念押しにすぎません。

一方、スピーチは、全部を聞くのが前提なので、最後のまとめに力を入れます。最初に述べたことより、最後に述べたことのほうが、記憶に残りやすいからです。

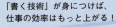

理論編では、伝達性、論理性、作業性の高い文章を書くために必要な7つの法則を説明していきます。特に伝達性、つまり、「読み手に負担をかけない」ために必要な、

- 読み手になるべく文章を読ませずに、それでいて必要な情報を伝達でき、
- 内容を一読で理解してもらえ、
- 重要な情報を記憶に残させる

書き方を中心に説明していきます。

理論編

「書く技術」が驚くほどアップするビジネス・ライティング7つの法則

1 文章の冒頭には重要な情報をまとめて書く
2 詳細はパラグラフを使って書く
3 パラグラフの冒頭には要約文を書く
4 文頭にはすでに述べた情報を書く
5 並列する情報は同じ構成、同じ表現で書く
6 ひとつの文には、ひとつのポイントだけを書く
7 無駄なく、簡潔に書く

法則 1

文章の冒頭には重要な情報をまとめて書く

Point

文章の冒頭には、これから述べようとする重要な情報をまとめた総論を書きます。この総論にそって、後続の文章を展開していきます。総論はそこだけでもわかるよう具体的に、しかし、簡潔でなければなりません。

原則 文章全体はもちろん、各章、各節でも、冒頭には、大事な情報の概略（＝総論）を書く

文章の冒頭では、その文章で伝えたい重要な情報（結果や結論）をまとめた要約を書きます。この全体の要約を「総論」といいます。まず総論を述べ、その後に総論で述べたことを、その順番で個別に詳細説明をしていくのです。この詳細説明を「各論」といいます。つまり、文章は総論から各論という順に書くのです。各論を書いた後、最後に結論で大事な情報をまとめます。

章立てのある長い文章では、各章、各節の冒頭でも総論を書きます。章や節でも、総論から

総論は各章、各節に

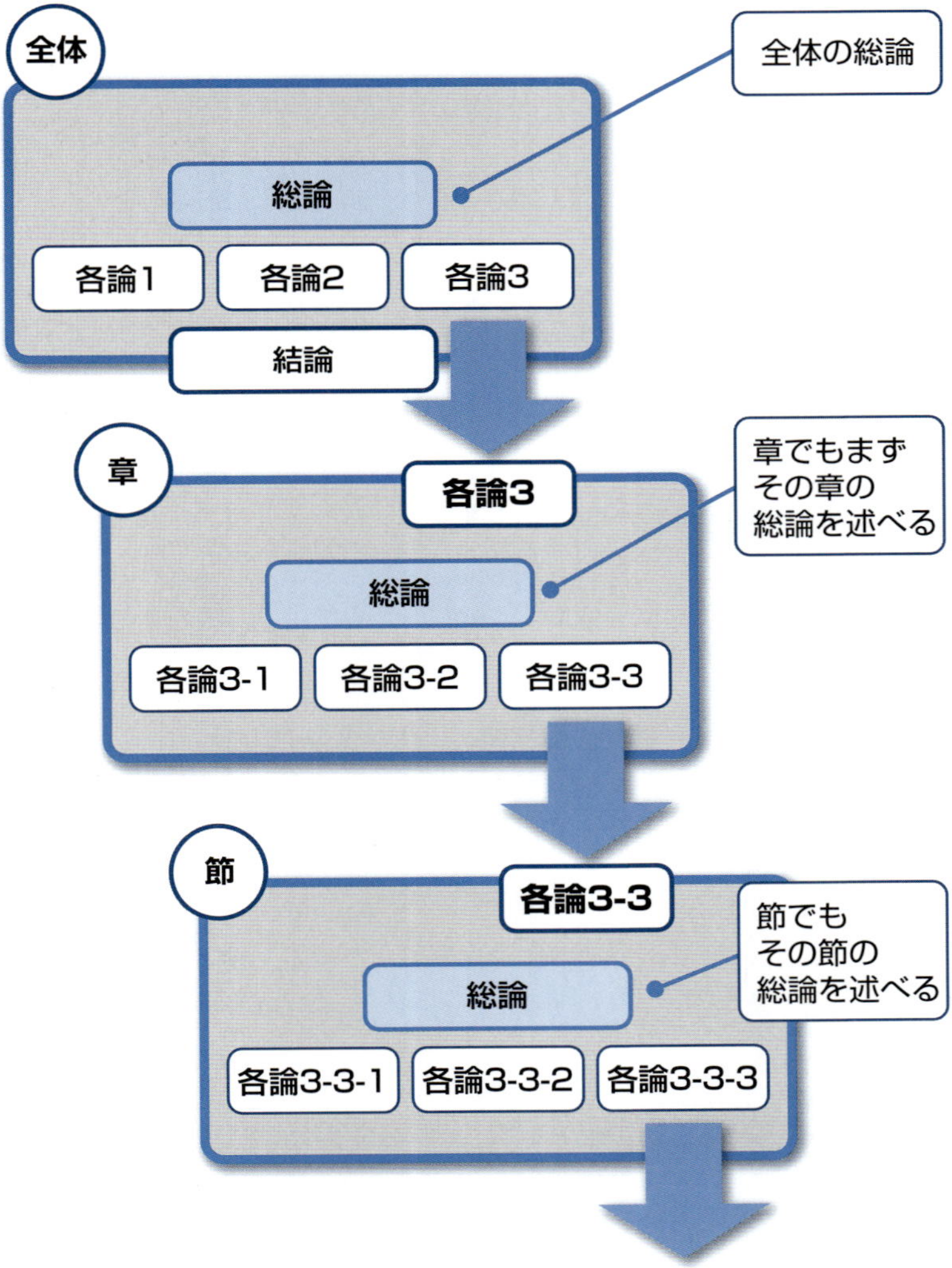
全体
全体の総論
総論
各論1
各論2
各論3
結論
章
各論3
章でもまず
その章の
総論を述べる
総論
各論3-1
各論3-2
各論3-3
節
各論3-3
節でも
その節の
総論を述べる
総論
各論3-3-1
各論3-3-2
各論3-3-3

各論へと書くのです。章や節の冒頭で見出しを書いた後、いきなり各論を始めてはいけません。また、章の見出しの後に、すぐ節の見出しを続けてはいけません。章の見出しの後には、その章の総論を書きます。

効果 必要な相手に、必要な情報だけを短時間で正しく伝えられる

文章の冒頭に、重要な情報をまとめて書けば、次の5つの効果が期待できます。

①読み進むべきかを的確に判断できるので、必要な情報だけを読める
②メンタルモデルを作ってから読めるので、一読で理解できる
③根拠を確認しながら読めるので、一読で理解できる
④ポイントが強調できる場所に書いてあるので、重要な情報を記憶できる
⑤話が脇にそれにくくなるので、論理的に構成できる

◆読み進むべきかを判断できる

冒頭に総論が書いてあれば、その先を読み進む価値があるかどうかを判断できるので、必要な部分だけを読み進められます。総論を読んで、詳しく知りたい情報に対応する各論だけを読み、それ以外は飛ばせばいいのです。つまり、なるべく文章を読まずに、それでいて必要な情報を入手できるのです。結論もなく、いきなり詳細な説明から始まっていたのでは、読み手は

見出しの後には必ず総論を

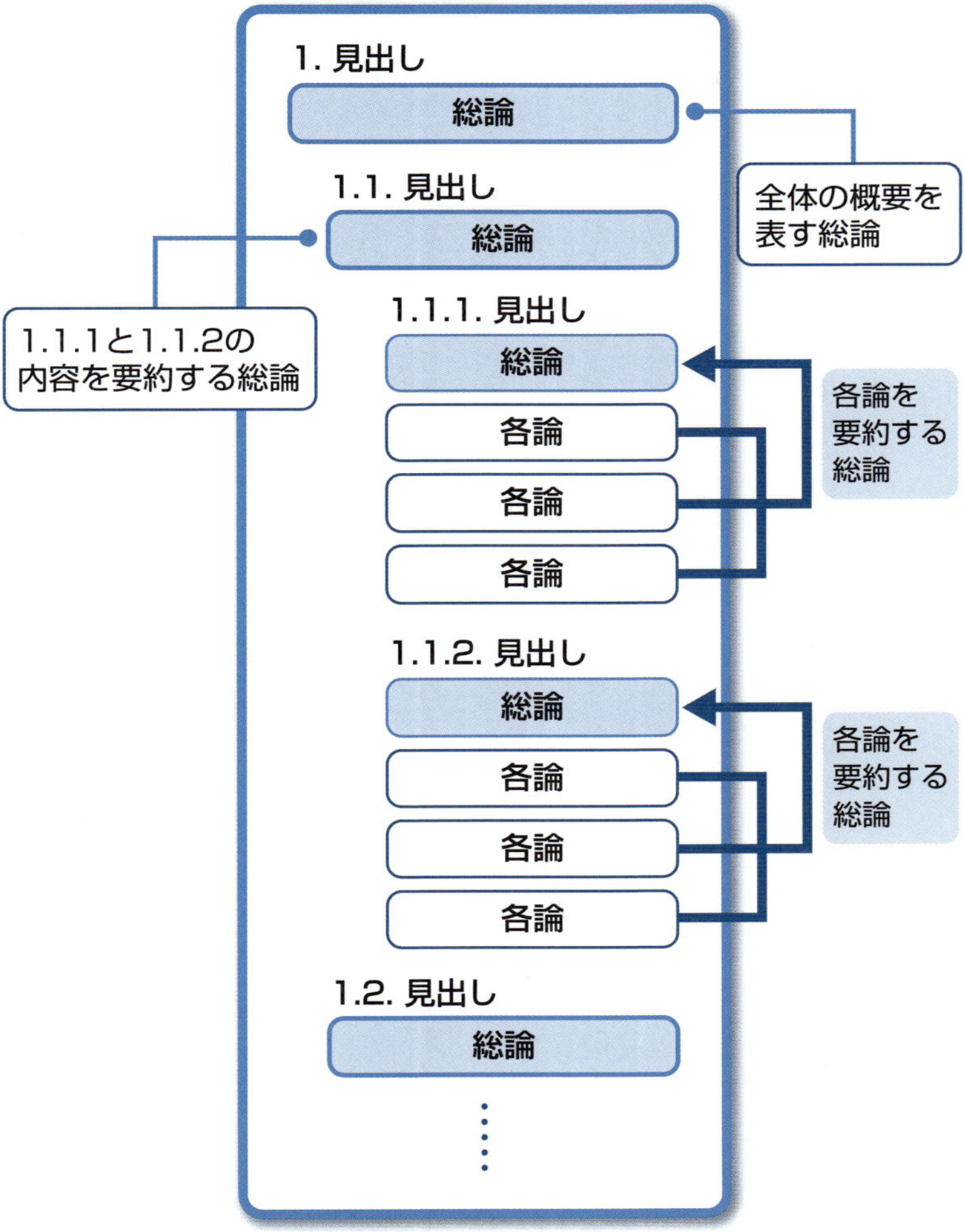

結論を求めて最後まで読まなければなりません。その結果、「読んではみたが不要な情報だった」ということにもなりかねません。

◆メンタルモデルを作ってから読める

冒頭に総論が書いてあれば、メンタルモデルを作れるので理解しやすくなります。メンタルモデルができれば、関連情報をあらかじめ活性化した上で、文章の展開を予測してから読めるので、一読で理解しやすくなります。いきなり詳細な説明から始まっていると、読み手は、書き手が何を言わんとしているのか、常に考えながら読み進めなければなりません。さらに、今読んでいる説明の全体における位置づけもわかりませんし、その説明がいつ終わるのかもわかりません。それだけわかりにくくなります。

総論のない説明がわかりにくいことは、道順を教わっている状況を思い浮かべれば理解できます。例えば、あなたが市役所までの道を尋ねたとしましょう。そのとき、次のように道を教えてくれたとしたら、あなたは市役所までたどり着けるでしょうか？

「この道をまっすぐ行って、２つ目の交差点を右に折れ、最初の信号を左に、次の二股を左に〜」

説明を聞きながら、あなたは頭の中で、いろいろなことを考えるでしょう。

「今説明しているところは全行程のどのあたりだろうか？」

「この後、何回交差点を曲がればいいのだろうか？」

一方、もし、道を教えてくれる人が次のような総論を言ってくれたら、ずっとわかりやすいでしょう。

「市役所でしたら、こっちのほうに歩いて10分ほどです。交差点を4回曲がります。まずこの道を～」

この説明なら最初に、方向と距離感が頭に入ります。「4回曲がります」と言ってくれたので、ひとつ目の角の説明を聞きながら、全行程の20～30％だとわかります。4つ目の角の説明を聞きながら、全行程の80％ぐらい来たとわかります。絶えず全体像を頭に置きながら、説明している箇所が全体のどこに位置し、この後どう説明が続くかを予測しながら聞いているのでわかりやすいのです。

◆根拠を確認しながら読める

冒頭に総論が書いてあれば、根拠が主張を正しく裏打ちしているかを、上から下へ一方通行で読めます。総論には主張が、各論には根拠やデータが書いてあります。読み手は、主張を頭に置きながら、根拠を確認しつつ読めます。つまり、上から下へと一読で理解できるのです。

主張が根拠より後に述べられていると、最後に書かれている主張を読んでから、その主張が正しいか判断することになります。その結果、根拠が主張を正しく裏打ちしているかを確認するため、根拠を読み直すことになります。

しかし、書き手は冒頭に総論がある必要性を感じないので注意が必要です。書き手にすれば、冒頭に総論があってもなくても、同じように読めます。なぜなら、書き手だけは、総論に書いてある主張を、最初から知っているからです。つまり、書き手のわかりやすいという感覚は信用できないのです。

◆ポイントが目立つ

冒頭に総論が書いてあれば、ポイントが強調されるので、重要な情報を強く記憶に残せます。冒頭は、読み手が最も緊張し、集中しています。しかも、冒頭はすべての読み手が読みます。その大事な箇所に、重要な情報が書いてあれば、記憶として残ります。重要な情報を後に回してはいけません。読み手の集中力は、後ろに行くほど落ちるのです。また、読み手は途中で読むのをやめてしまうかもしれません。

◆話が脇にそれにくくなる

冒頭に総論が書いてあれば、話が脇にそれにくくなるので、文章が論理的になります。総論では、文章のゴールや道筋を先に宣言することになります。したがって、誤って話がそれかかっても、書き手自らその問題に気付けます。つまり、論理的に構成できるようになります。いきなり各論から書くと、話が迷走しても、書き手が気付きにくくなります。

急所 総論を書くときは、この5点に注意しよう

文章の冒頭に重要な情報をまとめて書くには、次の5つに注意します。

①各論と内容も説明順も一致させる
②具体的に書く
③簡潔に書く
④結論と内容を一致させる
⑤パッと見て概略がつかめるなら総論は書かない

◆各論と内容も説明順も一致させる

総論では、各論で説明する重要な情報を、各論と同じ順番で説明します。読み手は、総論を読んで、その先を読み進むべきかの判断をしようとしています。各論に書いた重要な情報が、総論に書かれていないと、読み手はその重要な情報を読み飛ばしてしまうかもしれません。また、読み手は、総論にA、B、Cと書いてあれば、各論ではA、B、Cをこの順に説明してあるはずだというメンタルモデルを作ります。各論が、まさに読み手の予測通りに展開されるとわかりやすく感じます。各論が、A、Cと展開されたり、C、B、Aと展開されたりすれば、メンタルモデルが崩れるので、処理速度が低下します。

ただし、重要性の低い情報であれば、総論で述べなくても問題ありません。総論は重要な情報しか述べません。重要性の低い情報まで総論に書けば、総論の文章量が多くなりすぎます。その結果、重要性の低い情報で、重要性の高い情報が埋没してしまいます。重要性の低い情報は各論でだけ説明します。

◆具体的に書く

総論では、そこだけ読んでも重要な情報を十分に理解できるほど具体的に説明します。具体的に説明するので、重要なら数値を示すことも珍しくはありません。ひとつの情報に対して、ひとつの単語ではなく、できればひとつの文で説明します。総論だからといって抽象的に書くと、その文章を読み進むべきかの判断ができなくなります。また、明確なメンタルモデルが構築できないので、関連情報が活性化できず、情報処理が遅くなります。つまり、総論の役目を果たさなくなってしまいます。

悪い例

少年による犯罪が多発している。原因は社会全体にある。事態は深刻なので、社会全体が早急に対策を講じなければならない。

良い例

ナイフを使った、少年による凶悪な傷害事件が多発している。原因は、ナイフを容易に入手できる社会にある。事態は深刻なので、早急に対策を講じなければならない。まず、ナイフ販売業者は少年への販売を自粛すべきである。さらに、学校は積極的に生徒の持ち物を検査すべきである。

◆簡潔に書く

総論では、重要な情報だけを簡潔にまとめます。正式なレポートや長い文章の場合、総論は7文前後で構成します。7文前後なら、おおむね30秒で読み切れます。30秒で重要な情報を伝達することは、ビジネス文章ではとても大事なことです（「管理職には30秒で情報を伝達できるように書く」24ページ参照）。電子メールのような簡易な文章の総論や、章や節の総論なら、1～4文を目安とします。重要な情報だけを簡潔に述べるので、重要な情報が記憶として残るのです。総論をだらだら書くと、不要な情報で重要な情報がぼけてしまいます。

◆結論と内容を一致させる

総論は、最後に述べる結論やまとめと内容を一致させます。重要な情報は、総論でも結論でも同じです。文章の最初と最後で、重要な情報が食い違うということはありません。結論でだけ何かを述べてはいけません。もし、結論でだけ何かを述べたとしたら、その情報は重要なのでしょうか？　重要なら総論にも書きましょう。重要でないなら、結論に書いてはいけません。

書き手が力を入れて書くべきは、結論より総論です。文章の最初は、読み手全員が読みますが、文章の最後まで読み続けるのは、読み手の一部にすぎません。

◆パッと見て概略がわかるなら総論は不要

総論は、わずかな時間で概略をつかむために必要なのですから、パッと見て概略がつかめるような文章に総論は不要です。例えば、２、３行で終わる電子メールの文章に総論は不要です。しかし、電子メールでも、スクロールしなければ読み切れないなら、総論が必要です。数行で終わる階層に総論は不要です。しかし、階層がページをまたぐほど大きいのであれば、総論は必要です。そこで本書でも、小さな階層には総論を書いていません。しかし、大きな階層にはすべて総論が書いてあります。

例えば、この「パッと見て概略がわかるなら総論は不要」という階層には、総論を書きませんでした。なぜなら、この階層は、２つのパラグラフしかない上に、第１パラグラフが、第２パラグラフに比べて圧倒的に重要性が高いからです。この階層にわざわざ総論を置く必要は感じません。逆に、この階層に総論を置くと、第１パラグラフの要約文と内容が重複するので、おかしく感じられるはずです。

check

冒頭に総論がない例【その１】

内容がわかりづらく、論理性も低い

次の文章（産経新聞の「主張」、２０１３年12月26日）では、総論が冒頭にないので、次のような問題が生じています。

● 読み進む価値のある内容か、文章を全部読んでみなければわからない
● メンタルモデルが作れないので、先の内容を理解しにくい
● 根拠の後に主張が述べられているので、主張の正当性が確認しづらい
● 主張が最初に書かれていないのでぼけている
● 話が途中で脇にそれたり、主張をサポートできない情報が混在したりしている

田中の渡米容認　本場での投球に心躍るが

▼総論がないのではっきりはわからないが、このタイトルから判断して、楽天球団の田中将大投手の米大リーグでの活躍を期待する旨が書かれることはわかる。「心躍るが」とあるので、他にも何かを述べようとしているが、それが何かはわからない。

田中将大投手の米大リーグ移籍を、楽天球団が容認した。本場の強打者をきりきり舞いさせ、マウンドで仁王立ちする来季の田中の姿が、今から楽しみだ。

大リーグでは今季、レッドソックスの上原浩治がワールドシリーズの胴上げ投手となり、岩隈久志（マリナーズ）が14勝、ダルビッシュ有（レンジャーズ）が13勝をあげた。田中にはそれ以上の活躍に期待がかかる。

▼タイトルを読んで作成したメンタルモデルの予想通り、田中将大投手の米大リーグでの活躍を期待する旨が書かれている。

楽天は新ポスティングシステムにより、2千万ドル（約20億8千万円）を上限に譲渡額を設定して申請の手続きを取り、複数球団との移籍交渉が始まる。

▼話が新ポスティングシステムに移った。米大リーグがらみのトピックとはいえ、田中将大投手の活躍とは、ちょっとずれている。

入札制だった昨年までのポスティング制度では譲渡額に上限はなく、田中の移籍相場は1億ドル（約104億円）と報じる米メディアもあった。少なくとも50億円は下らないという予測もあり、突然の制度変更で天井を抑えられ、楽天にとっては、30億〜80億円の収入を逃したことになる。

楽天が一度は田中に残留を要請し、最終的に「システムに多くの問題はあるが、貢献を高く評価した」として渋々移籍を容認した経緯には同情もする。

だが、競技者がより高いレベルの戦いの場を求めるのは本能である。今季24連勝無敗の大記録を打ち立て、日本シリーズでは先発、救援に獅子奮迅の働きで球団創設9年目の日本一に導いたエースの希望を拒む選択は、あり得なかったろう。拒めばファンからの強烈な反発も予想された。

▼この記事の後半で言いたいのは、田中将大投手の米大リーグ移籍の是非なのだろうか？　何を述べようとしているのか、先が予測できない。

田中の大リーグ挑戦は応援するとして、楽天に苦渋の選択をさせたのは、日本球界の交渉力の欠如である。新制度の締結に当たっては、日本側の交渉責任者であるべきコミッショナーが、加藤良三氏の統一球問題による引責辞任で不在だった。選手会との足並みの乱れも突かれ、ほぼ米側の言いなりで「上限額」は設定された。

▼どうやら、日本球界の交渉力の欠如が問題だと言いたいようだ。この後は、日本球界の交渉力の欠如にかかわるトピックが展開されるという予想がつく。

26日には、元東京地検特捜部長の熊崎勝彦氏が新コミッショナーに就任する。日本球界でコミッショナーに求められてきたのは「法の番人」として、紛争解決の最終裁定者の役割だった。

▼突然の展開である。日本球界の交渉力の欠如と、新コミッショナーが、紛争解決の最終裁定者であることと何の関係があるのか？　これではメンタルモデルが崩れるし、新たなメンタルモデルも作れない。

プロ野球が国内で完結していた昔はそれでも良かった。大リーグとの厳しい交渉や代表チームの運営、五輪競技への復帰問題など、いまや、旧来の組織では対処しきれない難問が山積している。この機に球界は変革すべきだ。

▼ここを読むと、なぜ、直前に新コミッショナーの話を出したのかがわかる。しかし、後を読まないと前の情報が理解できないようでは、読み手の負担が高まるばかりである。

▼最後になって、やっと主張がわかった。どうやら、「日本球界は、コミッショナーも含め、国内だけではなく海外にも対応できる体制を整えるべき」と言いたいようだ。

▼「球界は変革すべきだ」という主張はわかるものの、どう変革すべきかがよくわからない。文章全体から考えると、「海外との交渉に強い体制に変革すべきだ」のように感じる。しかし、そうだとすれば、「代表チームの運営」は交渉力とは関係がない。

▼総論を書かないと、論理的な主張は難しい。この文章で見られるように、話があちこちにそれやすくなる。主張を直接サポートしない根拠を述べたりすることも多くなる。

冒頭に総論がない例【その2】

文章の読み直しが必要になる

次の文章（『新「型」書き小論文』樋口裕一　学研）には、冒頭に総論がないので、前述の例と同じ問題が生じています。特に問題なのは、主張を伝えたい文章なのに、主張が最後にだけ書いてあるために、主張の正当性を検証するには、文章を読み直さなければならないことです。

この表からわかるのは、日本では学校に通う意義を「友情をはぐくむ」「自由な時間を楽しむ」と考える人が多いのに対して、諸外国が、「一般的・基礎的知識」「職業的技能」「学歴や資格」「専門的知識」を身につけようとする人が多いことである。すなわち、日本以外の多くの国で、学校教育は自分の能力や技術を伸ばすためのものと位置づけられているのに対して、日本では、社会性を身につけることが重視されているのである。では、これから日本の教育は、欧米のように個人の能力を重視する方向に行くべきなのか、それとも、これまでのように社会性を育てる場とみなすべきなのだろうか。

確かに、日本のように社会性を養う教育も大事であろう。学校は民主主義社会を支える人間を育てるという役割を持っている。その根幹になるのは社会性を備えた人間の育成である。しかし、日本の場合、それが行き過ぎているのである。

学校は個人の能力を伸ばすための場である。人々は学校で資格や能力を身につけて、社会に出ていく。個人が生きていくのに役に立ち、そして、国家を発展させるのに役立つ能力を持った人間をつくるのが学校である。それを日本の学校が怠ったため、学力低下が起こり、日本の技術発展が停滞しているのである。

これからの日本は、もっと個人の能力を高める教育を行うべきである。

check

冒頭に総論がある例

次の文章（産経新聞「主張」、2014年1月12日）は、総論から文章が始まっています。

また、その総論通りに各論が展開されています。

日本史必修化　誇り持って学べる内容に
高校で日本史の必修化が検討されることになった。国際化のなかでこそ日本の伝統文化に誇りを持ち、情報を強く発信できる人材が求められている。教科書や指導内容を含め、実施への議論を深めてもらいたい。

▼ここが総論。この後、日本史の必修化の検討、日本の伝統文化に誇りを持つことの重要性、日本史教育になぜ、伝統文化に誇りを持った人材が必要か、教科書や指導内容への注文と、文章が続くと予想できる。

下村博文文部科学相は年頭の記者会見で、「日本力の強化につながる教育施策」を進めていくとした。具体例として英語教育の充実を挙げる一方、日本人としてのアイデンティティー（主体性）にかかわる「歴史、文化に対する教養」を備えた人材育成を指摘した。

次期学習指導要領改定は、日本史必修化を「前向きに検討する」という。今夏頃にも次期指導要領の内容などを議論する中央教育審議会に諮問される。

▼予想通り、まず「日本史の必修化の検討」について述べてある。

国際化への対応などで、高校では平成元年改定の指導要領から、地理歴史3科目のうち世界史が必修になった。ほかに日本史か地理のどちらかを履修すればいいことになっている。

小中学校で歴史の授業が日本史中心になっているとはいえ、真の国際人育成のためにも、教養を高めるべき高校時代に日本史を学ばないのは問題だ。自国の歴史に誇りを持たずに、他の国や地域への理解や尊敬の念は生まれない。21年改定の現行の高校指導要領では、日本史必修化が検討されながら見送られた経緯もある。

神奈川県、東京都の教育委員会はすでに、独自に日本史を必修にしている。神奈川県で必修化を決めた当時の松沢成文知事は「しっかりした日本人、国際人の育成に日本史は不可欠」と述べていた。神奈川では「郷土史かながわ」、東京では「江戸から東京へ」と題する地域の歴史を充実させた独自の教科書もつくり、指導充実を図っている。参考にしたい。

▼予想通り、「日本の伝統文化に誇りを持つことの重要性」について述べてある。

歴史教育では、教科書のなかで南京事件について中国側が宣伝する誇大な犠牲者数をあげるなど、ことさら日本を悪く描く自虐史観が抜けない。一部の教師による、暗い歴史観を押しつける指導も歴史嫌いの生徒を増やすだけだ。

▼予想通り、「日本史教育になぜ、伝統文化に誇りを持った人材が必要か」について述べてある。

現行の指導要領の解説書などでは、歴史について思考力を育むことが重視されている。歴史の年号や事項を覚えることも必要だが、暗記に偏るのではなく、多様な歴史の見方を育んでほしい。

▼予想通り、「教科書や指導内容への注文」について述べてある。

そのためにも、歴史や文化に心から興味がもてるような教科書や指導の改善が欠かせない。

▼まとめをしているこの部分も、最初に述べた総論と一致している。

Column

「いいから結論から言え！」

社内のトップに対して説明しているときに、「いいから結論から言え！」と怒られた人はいないでしょうか？　トップに対しては、口頭にしろ、文書にしろ、結論から述べないと雷が落ちます。

トップは忙しいので、まず結論を知りたがります。まわりくどい説明を聞いている暇はありません。できるだけ早く意思決定して、次の議題に移りたいのです。しかも、トップは一般的には年配の方です。人は年を取ると短気になりやすいものです。このことは、筆者自身も年を取るにつれつくづく感じています。

一方、説明する側は、プロセスを説明したいのです。なぜなら、自分が最も時間を使ったのは、結論を得るためのプロセスのほうだからです。徹夜で準備したデータはスルーされ、結論だけで議論されたら、「あの準備は何だったのか」となりかねません。

しかも、説明する側は、結論を最後に回したほうが説明しやすいのです。なぜなら、結論は業務の中では最後に出てくるからです。例えば、マーケット動向を調査した結果から企画を立てます。あるいは、実験をした結果から最適手法を導き出します。説明する側は、やったことをやった順に説明するのが説明しやすいのです。

さらに悪いことに、説明する側は、結論を最後に回しても、わかりにくい説明とは思いません。なぜなら、説明する側は、結論を最初から知っていて、その結論を頭に置きながら根拠説明するからです。しかし、聞いている側の頭には結論はありません。どんな結論になるのかわからないまま、根拠を延々と聞かされたのでは、「いいから結論から言え！」と言いたくなるのももっともです。

時々、説明する側が、「ステップ・バイ・ステップで説得したいから結論を後に述べる」と考えている場合がありますが、少なくとも文章では無駄です。なぜなら、文章の場合、読み手は勝手にページをめくって、結論を先に読んでしまうからです。どんな結論になるかわからない文章を、黙って読み進む暇な人はいません。これが口頭説明の場合なら、「いいから結論から言え！」となるわけです。

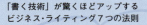

トレーニング解答

■はじめに

生体認証の手法のひとつである顔認証技術は、利用に対する抵抗感の少なさ、非接触、顔画像履歴保存といった特徴から関心を集めている。しかし従来の顔認証技術を使った入退室管理システムでは、髪形やひげの経時変化や立ち位置の変動などに十分対応できなかった。そこで、動画像パターンマッチング方式という新たな顔認証技術を開発した。

■概要

動画像パターンマッチング方式を使った入退室管理システムによって、指紋や虹彩、音声などを使った他の生体認証以上の認識精度を実現できた。動画像パターンマッチングとは、一定時間に動画像から得られた複数の顔パターンの分布を用いて認識する手法である。この手法を用いたシステムで、1,021人を対象に、6カ月後の認証を試みた。その結果、登録者を非登録者と誤認識する率が3.24%から0.49%へ、非登録者を登録者と誤認識する率が0.27%から0.15%に改善できた。

◎総論を作成するときには、次の点に注意しましょう。

① 各論と内容も説明順も一致させる

総論から各論の展開が予測できなければなりません。この解答例なら、この後の各論は、従来技術の説明、新技術の説明、評価方法、評価結果と説明するであろうことが予測できます。

② 具体的に書く

総論だけでポイントがわかるようにまとめます。重要なら、数値も示します。

③ 簡潔に書く

30秒ぐらいで読み切れるようにまとめます。

④ 結論と内容を一致させる

各論の後に書く結論やまとめは、上記の総論と内容を合わせます。

トレーニング　1

あなたは、あるメーカーの開発部でエンジニアをしています。今般、新たな技術を開発したので、そのことをレポートにまとめようとしています。次の資料を参考に、このレポートの総論を作成してください。

■近年、機密情報流出などの犯罪増加に伴い、安価で運用に手間のかからない生体照合を利用した入退室管理システムのニーズが高まっている。あなたは、生体照合技術のひとつである、顔画像を用いた個人認証の技術を開発している。
■顔認証技術は、指紋に比べると利用に対する抵抗感が少ない。さらに機器との接触を必要とせず、しかも顔画像が履歴として保存できることから犯罪抑止にも効果が高い。そこで、生体認証の手法として関心を集めている。
■しかし、従来の顔認証技術では、髪形の変化やひげの伸びなどの変化に弱かった。立ち位置の変動にも十分対応できなかった。従来技術では、登録から6カ月後の認証では、登録者を非登録者と誤認識する率が3.24%、非登録者を登録者と誤認識する率が0.27%だった。
■そこで新たに、動画像パターンマッチング方式による顔認証技術を開発した。動画像パターンマッチングとは、一定時間に動画像から得られた複数の顔パターンの分布を用いて認識する手法である。まず、入力された顔画像から顔領域を検出する。この顔領域を、瞳などの顔の特徴点を使って、正規化パターンとして切り出す。正規化パターンから生成した入力部分空間と辞書部分空間をマッチングして認識する。
■動画像パターンマッチング方式を使った顔認証技術で照合精度を評価した。被験者は、身長が145cm～185cmの男女1,021名である。最初に、システムに登録してもらい、6カ月後に照合を試みた。
■評価の結果、登録者を非登録者と誤認識する率が0.49%、非登録者を登録者と誤認識する率が0.15%であった。これは、指紋、虹彩、音声などを使った他の生体認証と比べても優れた精度である。
■動画像パターンマッチング方式による顔認証技術によって、生体認証を使った、よりセキュリティ性の高い入退室管理システムの実現が期待できる。

法則 2

詳細はパラグラフを使って書く

Point

総論の後に書く各論では、構成をパラグラフで伝えます。このとき、同じトピックはひとつのパラグラフにまとめます。また、パラグラフ間を、縦と横で明確につなぎます。さらに、パラグラフ内で、パラグラフのトピックを詳しく具体的に説明します。

原則 各論は、パラグラフで文章構成の骨組みを作ってから書く

パラグラフとは、あるひとつのトピックについて述べるのを目的とした文の集まりです。原則としてひとつの要約文（「パラグラフの冒頭には要約文を書く」107ページ参照）と複数の補足情報の文で構成します。この複数の文を、ひとつのレイアウトの固まりで表現します。今読んでいるこの文章でいえば、３行前の「パラグラフとは、」という書き出しから、３行後の文の終わり、「補足情報の文になります。」までが、ひとつのレイアウトの固まりになっています。これがパラグラフです。「パラグラフとは、」で始まりゴシック体で表記されている文が要約文で、明朝体で表現されている残りの文が補足情報の文になります。

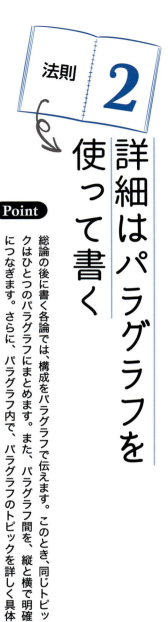

各論では、このパラグラフという固まりを使って構成を組み立てます。例えば、比較的短い提案書なら、「現状とその問題点」―「提案内容」―「提案の第1の利点」―「提案の第2の利点」―「提案の第3の利点」―「まとめ」のような構成を取るはずです。そこで、この一構成単位を、ひとつのパラグラフで表現します。論理構成が、レイアウトの固まりで見えるようにまとめるのです。

このパラグラフ構成は、各論を書き始める前におおむね決めておきます。構成の良し悪しは、文章の質を左右します。文章の構成は、いわば建物の骨組みのようなものです。骨組みがしっかりしていなければ、良い建物は建ちません。構成を決める前に、各論を書き始めてはいけません。

効果 情報の整理が容易になる

パラグラフを使って詳細を書けば、次の5つの効果が期待できます。

①パラグラフ単位で飛ばし読みができるので、必要な情報だけを読める
②全体像をつかみやすいので、一読で理解できる
③レイアウトで情報の過多が判断できるので、論理的に構成できる
④トピックをしっかり論証するので、論理的に構成できる
⑤一段高い視点でロジックを検討できるので、論理的に構成できる

◆飛ばし読みできる

各論がパラグラフで構成されていれば、必要な情報だけを速読できます。あるパラグラフを読み始めて、詳しく知る必要のないトピックであると判断すれば、そのパラグラフの後半を読み飛ばせるからです。例えば、現状についてよく知っている人なら、現状説明のパラグラフをすべて読み飛ばせます。ひとつのパラグラフにはひとつのトピックしか書いていないので、読む必要のないトピックのパラグラフを飛ばしても、読む必要のあるトピックまで飛ばしてしまうことはありません。

一方、**各論がパラグラフで構成されていなければ、不要なトピックであると判断しても、読み飛ばせません。**パラグラフで構成されていない文章とは、1文や2文で次々に改行されている文章や、逆に複数のトピックを述べているいくつもの文が改行なしにつながっている文章です。このような文章では、読む必要のないトピックだと判断しても、その不要なトピックがどこまで書かれているかわかりません。読み手の独断で読み飛ばせば、重要なトピックまで読み飛ばしかねません。あるいは、すべてを読み終えて初めて、読み飛ばしてもよいトピックであったことに気付くことになります。

◆全体像をつかみやすい

各論がパラグラフで構成されていれば、パラグラフという大きな単位で全体像が把握できる

ので、理解しやすくなります。ひとつのパラグラフでは、ひとつのトピック、つまりひとつの論理構成の単位が、ひとつのレイアウトの固まりとして見えます。論理構成の単位とレイアウトの単位が一致している上、その単位の数が少ないので、全体像がつかみやすくなります。パラグラフで構成されていない文章では、論理構成の単位を読み手が認識できないので、全体像もつかみにくくなります。

◆レイアウトで情報の過多が判断できる

各論がパラグラフで構成されていれば、説明量が一目でわかるので、文章を論理的に構成しやすくなります。例えば、提案書の場合、提案の内容や利点に比べて現状の説明が長すぎるなどといった、バランスの悪さが防げます。なぜなら、ひとつのパラグラフではひとつのトピックを、ひとつのレイアウトの固まりで表現するからです。あるトピックの説明が多すぎれば、そのパラグラフが周りのパラグラフより明らかに大きくなります。逆にあるトピックの説明が少なすぎれば、そのパラグラフが周りのパラグラフより明らかに小さくなります。情報のバランスを取って書けるので論理的に構成しやすくなります。パラグラフで構成されていない文章では、どのトピックをどのくらい詳しく書いたかを意識できません。

◆トピックをしっかり論証する

各論がパラグラフで構成されていれば、しっかり論証する習慣が身につくので、文章を論理的に構成しやすくなります。ひとつのパラグラフは、ひとつの要約文と複数の補足情報の文で構成します。この要約文が主張に、補足情報の文が根拠やデータに相当します。つまり、主張を述べたら、根拠を複数の文でつける習慣が身につくのです。それだけ文章が論理的になります。パラグラフで構成されていない文章では、主張だけ述べて根拠を述べないことになりかねません。

◆一段高い視点でロジックを検討できる

各論がパラグラフで構成されていれば、高い視点で論理を検討できるので、文章を論理的に構成しやすくなります。パラグラフという大きな単位で文章を検討すれば、文章全体を見渡しながら論理を構成できます。その結果、文章をブロック図のように構成できます。パラグラフで構成されていない文章では、文ばかりに気がいってしまいます。その結果、木を見て森を見ずということになりかねません。

急所 構成を検討するときは、この3点に注意しよう

詳細を、パラグラフを使って書くには、次の3つに注意します。

①ひとつのトピックをひとつのパラグラフに分類する
②パラグラフ間を、縦と横で接続する
③パラグラフ内を、詳しく具体的に展開する

◆ひとつのトピックをひとつのパラグラフに分類する

ひとつのトピックをひとつのパラグラフへ分類します。ひとつのパラグラフは4~8文を目安とします。小さすぎるパラグラフができそうなときは、上位概念をパラグラフとしてまとめます。大きすぎるパラグラフができそうなときは、下位概念をパラグラフに分割し、上位概念は階層とします。

ひとつのパラグラフでは、ひとつのトピックだけを述べます。ひとつのパラグラフで、複数のトピックを述べてはいけません。逆に、ひとつのトピックを複数のパラグラフに分けて説明してもいけません。ひとつのパラグラフでは、ひとつのトピックだけを、ひとつのレイアウトの固まりで見せるからこそ、パラグラフ単位で読み飛ばせたり、全体像がつかみやすくなったりするのです。

ひとつのパラグラフの大きさは、文だけで構成するなら、4~8文を目安とします。1文や2文でひとつのパラグラフを終えてはいけません。そのような小さな単位で切るなら、文章をパラグラフではなく、文で構成していることになります。逆に、1ページになるような大きな

パラグラフもありません。そのような大きな単位で、人は文章構成を認識していません。

ひとつのトピックの説明が、1文や2文で終わってしまうなら、同類のトピックを集めることで上位概念をパラグラフとします。例えば、ある装置の構成を説明しているとしましょう。この装置は、A、B、Cの3つの構成単位からできているとします。もし、構成単位Aの説明が1文や2文で終わってしまうなら、構成単位B、Cの説明も合わせて、「構成単位」という上位の概念でパラグラフを作ります。

ひとつのトピックの説明が、1ページになるほど大きくなるようなら、下位概念をパラグラフに分割し、上位概念は階層とします。例えば、右で説明したある装置の構成なら、A、B、Cの3つの構成単位それぞれをパラグラフで説明します。その上で、3つのパラグラフを集めて「構成単位」という上位の概念を階層にします。

パラグラフと階層を混同してしまう人がいますが、階層はパラグラフより一段高いレベルの構造体です。パラグラフが複数集まって階層を構成します。例えば、この「情報を分類する」という説明では、「情報を分類する」が階層です。この「情報を分類する」という階層は、網掛けで表現してある総論のパラグラフと、各論として5つのパラグラフで構成されています。

◆パラグラフを縦と横で接続する

パラグラフとパラグラフを、縦と横でしっかり接続します。縦つながりと横並びでは、説明の表現が異なります。各論は、縦つながりと横並びだけで構成します。

縦につながるとは、トピック同士が論理的に接続し合っている場合です。例えば、問題と原因とか、原因と対策とか、対策と効果などです。トピックが縦につながると、説明順がこの論理的な接続によって固定されます。例えば、問題と原因なら、必ず問題を述べてから原因を述べることになります。問題を述べずに原因から説明することはできません。

一方、横に並ぶとは、トピック同士が同じ種類に属するだけで論理的に接続し合っていない場合です。例えば、問題1と問題2とか、原因1と原因2とか、対策1と対策2などです。トピックが横に並ぶと、説明順は自由に変えられます。例えば、問題1と問題2と述べても、問題2と問題1と述べても構いません。そこで、一般的には重要な順に並び変えるのです。

縦につながったパラグラフは、そのつながりを言葉で表現しなければなりません。例えば、現状—問題—原因—対策—効果と縦につながったパラグラフなら、次のような表現を使って説明します。

現状：現在、○○にはAという技術が使われている
問題：AにはBという問題がある
原因：Bの原因はCにある
対策：そこで、Cに対してDという対策を取った
効果：DによってEという効果が得られた

一方、横に並んだパラグラフは、羅列することで表現できます。例えば、原因1―原因2―原因3と横に並んだパラグラフなら、次のような表現を使って説明します。

総論：原因は、A、B、Cの3つが考えられる

原因1：Aは、……

原因2：Bは、……

原因3：Cは、……

各論のパラグラフの関係は、この縦つながりと横並びしかありません。縦つながりと横並びをしっかり意識すると、情報がしっかり接続されるので、論理的な構成となります。縦でも横でもないなら、無関係です。他と無関係なパラグラフを使って論理構成してはいけません。この縦つながりと横並びの関係をあいまいにすると、つまり、むやみにパラグラフを羅列すると、メモ書きのような論理性の低い文章になりかねません。

◆パラグラフを詳しく具体的に展開する

パラグラフ内では、補足情報を使ってトピックを詳しく説明します。この補足情報こそが、文章の説得力を生みます。補足情報は、「それはどういう意味か？」「それは本当か？」に答えるように付け加えます。

パラグラフでは、述べようとしているトピックに対して次のように展開していきます。

縦のつながりと横の並び

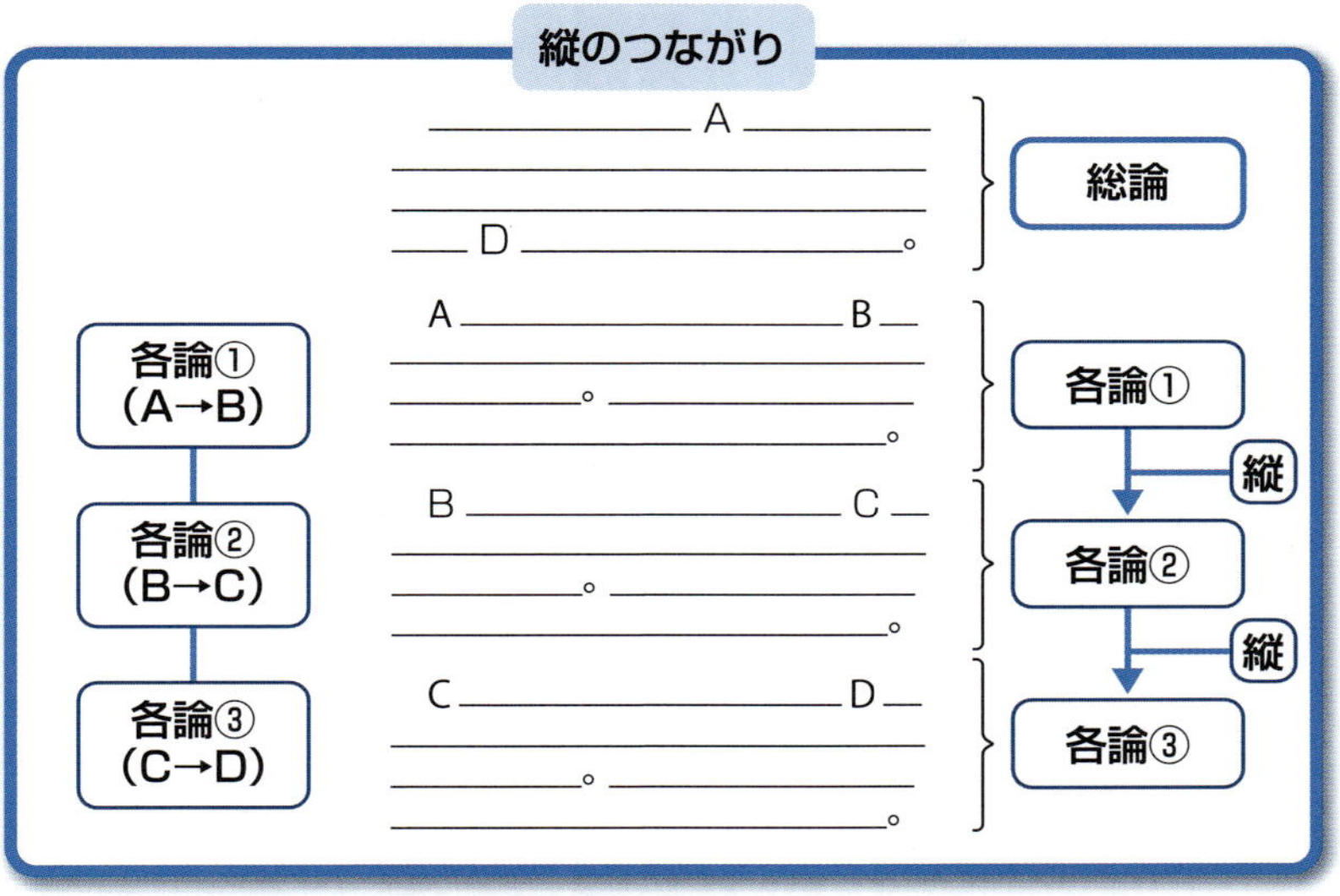

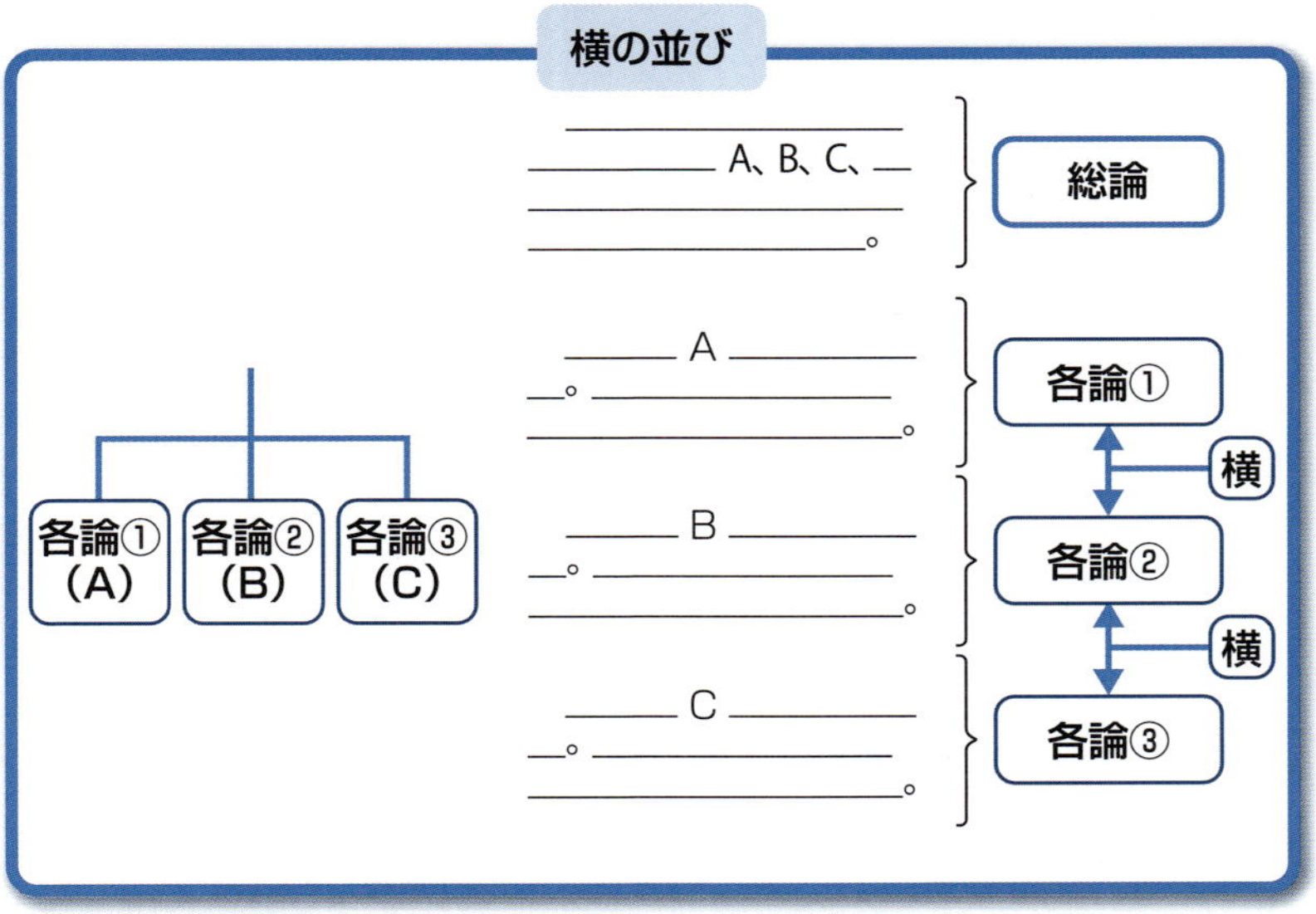

- より詳しい情報で、トピックを深く解説する
- 言い換えをすることで、トピックをよりわかりやすくする
- 具体例を挙げることで、トピックをよりわかりやすくしたり、説得力を持たせたりする
- 理由を述べることで、トピックに説得力を持たせる
- データを述べることで、トピックを補強する

補足情報を詳しく具体的に述べると、文章に説得力が生まれます。トピックを述べただけだと、そのトピックに納得しない読み手が出てしまいます。例えば、「厳しい経済状況の中、多くの企業で選択と集中が進んでいる」と述べた場合、「そうかなあ。そんなに選択と集中は進んでいるかなあ」と思う人も出てきてしまいます。そこで、「選択と集中が進んでいる」理由や具体例、データを示すことで、読み手に「なるほど、選択と集中が進んでいるなあ」と思わせるのです。この「なるほど」と思えるトピックが、縦につながり横に並びして文章を構成するので、文章全体や結論に説得力が生まれるのです。

補足情報の代表例のひとつが、「それはどういう意味か?」という説明です。例えば、あるパラグラフのトピックが「今後は、ソーシャルネットワークサービスが伸びる」だとします。しかし、読み手の中には、「ソーシャルネットワークサービス」が何だかわからない人もいるでしょう。そこで、「ソーシャルネットワークサービスとはどういう意味か?」の詳しい説明や具体例を加えます。

補足情報の代表例のもうひとつが、「それは本当か?」という説明です。例えば、右の例で「ソーシャルネットワークサービスとはどういう意味か?」の説明を加えただけでは、「なぜ、ソーシャルネットワークサービスは伸びるのか?」という疑問を抱く読み手がいるかもしれません。そこで、「ソーシャルネットワークサービスが伸びるのは本当か?」という観点から、理由や具体例を加えます。

実は、この補足情報を具体的に書くことの重要性は、ビジネス文章だけではなく、日常の文章や文学でも同じことがいえます。例えば、お中元やお歳暮をもらったときのお礼状に、「このたびは大変結構なお品をお送りいただき、誠にありがとうございました」とだけ書いてはいけません。この文では、書き手がその品を「結構なお品」に感じているようには読めません。そこで、状況を具体的に書くのです。「開封と同時に子どもたちが集まってきて、奪い合いが始まってしまいました。私の口にはひとつしか入りませんでした」などと書くと、いかに好評だったか、いかに自分たちが喜んだかが伝わります。このようなテクニックは、文学でも使われています。

check

パラグラフが使われていない例

【その1】何が言いたいのかわからない

次の文章（「代々木ゼミ方式　酒井の小論文《思索の森へ》」　酒井敏行　代々木ライブラリー）では、トピックの切れ目を無視して、文をつなぎすぎているために、次のような問題が生じています。

- パラグラフ単位で飛ばし読みができないので、すべてを読まざるを得ない
- 全体像がつかめないので、何が言いたいのかがわかりにくい
- 情報のバランスが崩れているので、論理性が低い
- 論証すべきトピックが論証されていないので、論理性が低い
- 文という低いレベルで文章構成しているので、論理性が低い

　科学についての問題が論じられるとき、わたしたちは科学そのものを考えているというよりも、むしろ科学技術について考えていることの方が多いのではないだろうか。それほど科学と技術はわたしたちの生活の中で密接不可分な関係になっていると言える。けれども、科学それ自体が問われる場合にはわたしたちはその担い手である科学者のありかたをきちんと考えなければならないだろう。

▼この段落（パラグラフと段落の違いは１０６ページのコラムを参照）は、内容から考えて、総論ではないだろう。総論ではなく各論なら、各トピックを詳しく説明しないと読み手には理解できない。例えば、「科学」と「科学技術」の差がわからない。また、「科学と技術はわたしたちの生活の中で密接不可分な関係になっている」も、具体例を示さないと、どのようなことを指しているのかわからない。

▼「科学者のありかたをきちんと考えなければならないだろう」とあるので、この後は「科学者はどうあるべきか」を述べるのか？

現代の科学は専門化、独占化が著しい。科学者たちが研究を進めるなかで、科学それ自体の進歩を科学の目標にしている場合が多いのではないか。つまり、科学が自己目的に研究されているということである。そのため一般の生活者にとって科学が日常の世界からは隔絶したものとして受け取られる。ことに、巨大科学の場合はそうである。原子力エネルギーの開発では、一般の生活者にとって安全性がもっとも重要であるのに、その開発に直接関わる科学者たちはその危険性について言及しない。「初めに安全ありき」なのである。そして、素人の側からの率直な批判や疑問は常に杞憂として無視されてしまう。それほど、現代の科学者は自己正当化が当たり前のようになっている。このままでは現代の科学はその担い手たちの硬直した精神のために、ますます一般人の感覚とかけ離れてしまい、科学そのものへの不信感を助長してしまう。２０００年にドイツでは原子力発電所の重大な危険性を考えて今後すべて廃止することが国家の政策として決定されたが、このドイツの決定が政府、電力会社、市民の合意によるものであることを考えれば、反対に「原発は絶対に安全である」とする専門家の信仰は極めて特殊な孤立した考え方だとわかる。しかし、科学が人間を幸福な生活に導くかけがえのない人類の叡智でもあることは忘れてはならない。とくに医療の分野では先天性の遺伝病の治療などに貢献する点では、科学は人間に多大の恩恵をもたらす。宿命と断念されていた難病を克服し、よりよく生きる可能性へと希望を与えるわけで、このように本来科学は人間にとって「よりよく生きる」ための知恵でなければならないはずである。

▼この段落には少なくとも2つのトピックが書かれている。その2つは、「科学が、一般人の手から離れ、科学者の自己満足のために使われている」と「本来、科学は人間を幸福な生活に導くための叡智だ」である。

▼2つのトピックをひとつの段落に押し込んで、しかもそのトピックが先頭には書かれていないので、全部を読まないと内容が理解できない。また、わかりにくい上に、論理性も低い。

▼この2つを述べたいなら、「本来、科学は人間を幸福な生活に導くための叡智だ」にもかかわらず、「科学が、一般人の手から離れ、科学者の自己満足のために使われて

いる」と論理構成すべきである。

科学がもたらす文明全体の進歩は確かに否定できないけれども、同じ科学が生態系の破壊によって人類の生存を危機に追い込んでいる事態もある。この逆説的な事態を克服してゆくためにも科学の成果だけではなく、その悪弊も広く一般市民に公開し広く論議して、その利用の是非を市民レベルで決める必要があるとわたしは考える。

▼この段落は、まとめのようだがまとめになっていない。「科学が生態系の破壊によって人類の生存を危機に追い込んでいる」は、これまで述べてきた内容をまとめたことにはならない。

▼「科学が生態系の破壊によって人類の生存を危機に追い込んでいる」は、具体例を示さないと、どのようなことを指しているのかわからない。その具体例が原子力発電なら、同じトピックなのだから、同じパラグラフで述べないと、読み手が理解できない。

▼「その悪弊も広く一般市民に公開し広く論議して、その利用の是非を市民レベルで決める必要がある」も、まとめで述べるべき内容ではない。そもそもこれが言いたいなら、何のために第2段落があるのか。さらに、第1段落で述べた、「科学者のありかたをきちんと考えなければならないだろう」の答えはどこに行ってしまったのか？

なぜ、その答えをまとめで述べないのか？

パラグラフが使われていない例　【その2】支離滅裂

次の文章（2005年7月15日　読売新聞『【論点】子供の学力向上「論述力」重視の指導必要』芳沢光雄）でも、パラグラフを使っていないので、先の例と同じ問題が生じています。ただし、この例は、先の例とは逆に、トピックを細切れにしています。

子供の学力向上「論述力」重視の指導必要

グローバル化社会のまっただ中で、重要なことは、異なる国、立場の人達がそれぞれ育った政治体制、文化、風習などの違いを自覚しつつ、互いに共通の認識を持てるように努力することである。暗黙のルールが通じる狭い社会とは違うことを忘れてはならない。

つまり、論理的に考え説明する力が求められる時代になったのである。いくつかの仮定から、一歩ずつ試行錯誤しながら論議を積み重ねていくことが大事だ。その過程で説明が抜け落ちたり、誤解を与えるような表現があったりしてはならない。

▼この2つの段落が総論か?　ここが総論なら、この後は、「グローバル化社会では、互いに共通の認識を持てるよう、論理的に考え説明する力が求められる」ことを述べるものと考えられる。

文部科学省がこの数年発表した学力調査結果などでも、子どもたちの学力で特に問題なのは、計算力や暗記力ではなく、論理的に考え説明する力である。従って、その力を向上させる教育を重視しなくてはならない。そこで2点を提言したい。

▼この段落も総論のような表現になっている。どうやら、書き手には、総論や各論という概念はなく、思うに任せて書きなぐっているようだ。

▼この内容なら、総論で「グローバル化社会では、論理的に考え説明する力が求められる。しかし、今の子どもたちは、論理的に考え説明する力に欠けている。そこで対策として、AとBを提言したい」と述べるべきである。その後の各論で、「グローバル化社会では、論理的に考え説明する力が求められる」「しかし、今の子どもたちは、論理的に考え説明する力に欠けている」「対策A」「対策B」とパラグラフを使って説明すべきである。

一つは、情緒的な感想文と論述的な説明文の教育を分けることである。どちらもたくさん書くことによって上達するが、今までは「作文指導」の中で、両者を区別する発想がなかった。

▼ひとつ目の対策が述べられたが、説明が足りない。感想文と説明文の教育を分けることが、なぜ、論理的に考え説明する力を育成するのに効果的かを説明しなければならない。

▼「どちらもたくさん書くことによって上達する」は、別トピックなので述べてはなら

ない。「どちらもたくさん書くことによって上達する」なら、対策は、感想文と説明文の教育を分けることではなく、たくさん書くことではないのかという疑問がわく。

昨年行われた千葉県立高校入試の国語で、地図を見ながら道案内させる論述問題が出たが、なんと受験生の半数が0点だった。これは教育現場に衝撃を与え、その後、時間をさいて論理的な説明文指導を行う必要性が強く叫ばれるようになった。

▼「受験生の半数が0点だった」ことは、感想文と説明文の教育を分ける理由にはならない。この情報は、「今の子どもたちは、論理的に考え説明する力に欠けている」ことを示すデータである。

かつて、こうした論述力は、数学の証明問題で鍛えられた面があるが、現行の中学教科書にある証明問題数は、昭和40年代と比べて3分の1に激減した。

▼これまでの説明から外れた不要なトピックである。この段落の内容から考えると対策は、感想文と説明文の教育を分けることではなく、数学の証明問題たくさん解くことではないのかという疑問がわく。

もう一つは、小学生の論述力向上に役立つ算数文章問題だが、その問題表現を論理的にしっかりしたものに正すことを求めたい。実際、影響力が大きい私立中学入試の算数問題には、われわれの調査から、いくつもの改善すべき点が見つかった。

▼これも説明が足りない。なぜ、算数文章問題の問題表現を正すと、論理的に考え説明する力を育成するのに効果的かを説明しなければならない。

例えば、「船がA地点から24キロ上流のB地点に向かうのに6時間かかり、反対に下るのに3時間かかった」、ついては「船の速さは時速何キロですか」という設問があったりする。出題者側は「静水での速さ」を求めているようだが、受験者は「往復の平均速度」などを出してしまうかもしれない。要するに、設問の条件があいまいなのだ。

また、食塩水の濃度は、100℃でも最大28・2%である。それなのに入試算数の問題文や〝正解〟には、計算の都合で事実を無視し、30%や40%が登場することがある。事実を知る子どもにとって、28・2%を超える数値を用いていいものかどうか、迷ってしまう。

これらのように、論理的に疑問のある問題は枚挙にいとまがない。受験技術に慣れた子どもたちなら、「暗黙のルール」として、たやすく乗り越えられるものなのであろうが。

▼ここで述べた2つの例は、算数文章問題の問題表現に問題があることを示しているだけである。算数文章問題の問題表現を正すことが、論理的に考え説明する力を育成することを示してはいない。

知的財産が重視される日本の将来を考えれば、そうではなく、試行錯誤しながら考えを進める子どもたちを大切にすべきなのだ。創造力は、「やり方」をまねして身につくものではなく、繰り返し自ら「問い」を発し、考えていくことによってのみ育成されるものなのである。

▼この段落はまとめのようだが、この文章の最初で述べたことと整合しない。この文章は最初に「グローバル化社会では、互いに共通の認識を持てるよう、論理的に考え説明する力が求められる」という趣旨のことを述べている。しかし、ここでは「知的財産が重視される日本の将来」のためにとなってしまっている。

パラグラフ単位でしっかり構成されている例

読みやすく論理的

次の文章は、7つのパラグラフがそれぞれ次のような明確な目的を持っています。パラグラフ単位で文章構成されている好例です。

第1パラグラフ：総論
第2パラグラフ：選択と集中が進んでいる
第3パラグラフ：選択と集中はミスマッチを生む

第４パラグラフ：ミスマッチ解消には人材の流動化が必要だ
第５パラグラフ：人材の流動化のためには、雇用慣行を転換すべきだ
第６パラグラフ：人材の流動化のためには、企業年金制度を改めるべきだ
第７パラグラフ：人材の流動化のためには、労働者派遣事業法を改正すべきだ

企業が選択と集中を進めると、企業内で従業員の能力と業務との間にミスマッチが生まれる。このミスマッチの解消には、人材の流動化が必要だ。人材の流動化を進めるには、雇用慣行、企業年金制度、労働者派遣事業法の改革が求められる。

▼このパラグラフは総論。この内容から判断すると、この後の各論では、「選択と集中」「ミスマッチ」「流動化」「雇用慣行」「企業年金制度」「労働者派遣事業法」などが述べられると予想できる。

厳しい経済状況の中、多くの企業で選択と集中が進んでいる。例えば、富士フイルムは、衰退する写真フイルムの分野から、ヘルスケア事業や高機能材料などの分野へ経営資源を集中投入して成功した。三菱電機は、法人向け事業に集中した結果、低迷する電機業界で勝ち組になった。富士重工は、日本市場から北米市場に注力した結果、大きな成功を生んだ。

▼予想通り、まずは「選択と集中」の話に移った。

しかし、企業が事業の選択と集中を進めると、生産性を下げる原因となる、能力と業務のミスマッチを生む。選択と集中の対象から外れた事業部門で働いていた人材は、その能力や技術が活かされない、ミスマッチな職場に配属されることになる。例えば、液晶パネルの生産から撤退してしまうと、液晶パネルの開発に従事していたエンジニアを、蓄積した技術を活かせない職場に転配属するしかない。能力や技術が有効活用されていないミスマッチな人材が増えれば、社会全体としての生産性が下がる。

▼予想通り、「ミスマッチ」の話に移った。前のパラグラフとは縦のつながりなので、「A→B」「B→C」の形で前のパラグラフとつながっている

そこで、このミスマッチを解消するためには、人材の流動化が求められる。選択と集中の結果、その能力や技術を活かせない人材は、そのままその企業に勤めていても、望みは薄い。いっそ、転職によって、能力や技術を活かせる職場を探すべきだ。転職が特別なことでなくなれば、ミスマッチが減るので、日本の経済にもプラスに働く。

▼予想通り、「流動化」の話に移った。前2つのパラグラフとは縦のつながりなので、「A→B」「B→C」「C→D」の形で前のパラグラフとつながっている

人材の流動化を図るには、まず、企業は、新卒者中心の採用、終身雇用という雇用慣行を転換する必要がある。企業も、人材の流動化が進み、意欲と能力ある人材が集まることを望んでいるはずだ。優秀で活力にあふれた人材こそが新たなビジネスチャンスを作り出すのだ。新卒者採用や終身雇用にこだわる必要はない。

▼予想通り、「雇用慣行」の話に移った。前3つのパラグラフとは縦のつながりなので、「A→B」「B→C」「C→D」「D→E」の形で前のパラグラフとつながっている。

次に、政府が主導して、企業年金制度を、加入者の給付原資を異なる年金間で移換していく制度に改めるべきだ。従来型の企業年金は、入社後10年以内に転職をする際、年金の支払期間を次の会社に引き継げない。そのため短期で転職をする人は、年金を受け取る権利を放棄するしかない。その結果、企業別年金が、人材流動化の足かせになっていた。

最後に、政府は、労働者派遣事業法を改正して、民間による有料職業紹介事業を原則自由とすべきだ。現行の公共職業安定所は高度な知識や技能を持つ人材と企業とをマッチングさせるには不十分である。人材に対する多様な需要と供給を効果的・効率的に結びつけるシステムが新たに必要である。

▼予想通り、「雇用慣行」「企業年金制度」「労働者派遣事業法」と展開された。この3つのパラグラフは横並びなので、総論で「A、B、C」と示してから、各論のパラグラフで「A」「B」「C」と説明されているのがわかる。

トレーニング解答

第１パラグラフ：

総論（推奨するパソコンの機種名とその理由）

第２パラグラフ：

理由の１（例えば軽量）

第３パラグラフ：

理由の２（例えばタブレットとしても使える）

第４パラグラフ：

理由の３（例えばディスプレイサイズ）

第５パラグラフ：

重視しなかったスペックへのコメント（例えば電池駆動時間）

第６パラグラフ：

理由１－３による比較

第７パラグラフ：

まとめ

この提案書で大事なのは、なぜ自分はそのスペックを重視し、このスペックを重視しなかったかを読み手に説得することです。重視すべきスペックを、読み手が納得してくれれば、結論である推奨する機種は自然と決まります。逆に、重視すべきスペックに読み手が納得感を持たなければ、当然、読み手は結論にも納得しません。

そこで、パソコンを選んだ理由を、ひとつずつひとつのパラグラフで説明します。各パラグラフでは、なぜそのスペックを重視すべきかを具体的に詳しく説明します。例えば、ディスプレイサイズなら、14インチと13.3インチで有意差があるのかないのかを、具体例を使って説明します。データなどの具体的な情報があると説得力が生まれます。

「推奨理由」などというパラグラフを作ってはいけません。それでは、ひとつの理由が１文、２文で説明することになります。１文、２文の説明で人を説得はできません。「軽量だと持ち運びに便利」のような、当たり前のことを１文で述べても、人は納得しません。

トレーニング 2

あなたの部門では、最近、従来使っていたデスクトップパソコンに加えて、ノートパソコンを全スタッフに支給することになりました。そこで、下記の表を参考に、最適なパソコンを推奨する提案書を作成しようとしています。その文章の大まかな構成をパラグラフ単位で検討しましょう。

モデル名	定価	動作速度	重量	ディスプレイ		電池駆動時間
				サイズ	解像度	
Model HD	20万円	2.4GHz	2.5Kg	15.5”	2,880×1,620	5.0H
Model SD	17万円	2.0GHz	2.0Kg	14.0”	1,920×1,080	6.0H
Model RT	16万円	1.6GHz	1.3Kg	13.3”	1,920×1,080	15.0H
Model PT	13万円	1.6GHz	1.1Kg	13.3”	1,920×1,080	12.0H
Model TB	12万円	1.5GHz	0.8Kg	11.6”	1,920×1,080	8.0H

モデル名	サイズ	メモリ	ハードディスク	キーピッチ
Model HD	379×254×21mm（B4ファイル型）	8Gb	1,000Gb	19mm
Model SD	336×235×18mm（A4ファイル型）	4Gb	1,000Gb	19mm
Model RT	320×210×12mm（変形A4型）	4Gb	SSD 128Gb	18mm
Model PT	315×210×11mm（変形A4型）	4Gb	SSD 128Gb	18mm
Model B5	304×188×25mm（B5型）	4Gb	SSD 64Gb	18mm

モデル名	高速動画再生	内蔵デジカメ	BRドライブ	その他
Model HD	○	92万画素	○	
Model SD	○	92万画素	○	
Model RT	×	207万画素	×	ディスプレイを回転させるとタブレットになる
Model PT	×	92万画素	×	
Model TB	×	92万画素	×	ディスプレイを取り外すとタブレットになる

Column

パラグラフと段落の違い

本書では、「パラグラフ」と「段落」を使い分けています。「パラグラフ」は、論理的な文章を書くのに不可欠な、文章の構成単位という意味で使っています。「段落」は、単なる見た目上の区切りとして使っています。

パラグラフの定義をオックスフォード現代英英辞典で調べると、「文章のひとつの区分で、通常は複数の文から構成され、ひとつの主題を述べる」とあります。さらに、「パラグラフの最初の文は、新しい行で始める」「最初に、その後に述べるトピックを書く」とあります。

一方、段落の定義を岩波国語辞典で調べると、「長い文章を幾つかのまとまった部分に分けた、その一くぎり。転じて、物事の切れ目」とあるだけです。段落のほうが、ずっとあいまいです。

パラグラフは、論理的な文章を書くのに不可欠な概念です。パラグラフを使わずに、論理的な文章を書くことは、ほぼ不可能といっていいでしょう。したがって、欧米では、必ず大学で１年くらいかけて勉強します。

しかし、多くの日本人は、パラグラフが何か知りません。「かなり長いこと書いたから、そろそろ改行しようか」程度の認識が圧倒的です。１文ごとに改行してしまう人すらいます。また、英語のパラグラフと日本語の段落との違いを知らないために、段落の意味を勝手に、パラグラフの意味に拡張解釈する人も多いです。

なお、新聞の社説は、段落を使って書かれていますが、このような書き方はお勧めできません。社説のように、パラグラフより小さい単位（１、２文程度の固まり）で文章を構成する書き方は、「ブロック・ライティング」と呼ばれます。ブロック・ライティングでは、トピックの切れ目がわからないので、本書でご紹介しているような、パラグラフで書いたときに得られるメリットを享受できないからです。ブロック・ライティングは、論理的な文章には不向きですが、エッセイなどの読み物には向いているのでよく使われます。

法則 3

パラグラフの冒頭には要約文を書く

Point

パラグラフの先頭には要約文を書きます。この要約文だけを拾い読みしても意味が通るように、要約文同士がつながるように配慮します。要約文は、ひとつのトピックだけを、その文だけで理解できるよう具体的に、しかし、簡潔に書きます。

原則 パラグラフでもポイントを先に述べる

パラグラフの先頭には、そのパラグラフで伝えたいことを簡素にまとめた文（要約文）を書きます。これは、「文章の冒頭には重要な情報をまとめて書く」（58ページ）で説明したことと基本的に同じです。なぜなら、「パラグラフの冒頭には要約文を書く」ということは、「文章の冒頭には、重要な情報をまとめて書く」ということを、パラグラフでも実践することだからです。詳細については、すでに「文章の冒頭には重要な情報をまとめて書く」で説明しましたので、ここでは簡単に説明するにとどめます。

ただし、総論や結論は、必ずしもこの限りではありません。総論や結論のパラグラフでは、要約文を書かないこともあります。また、書いたとしても、パラグラフの真ん中や最後になる場合もあります。冒頭に書ければ書くという程度です。逆に、各論のパラグラフなら、例外なく冒頭に要約文を書きます。

効果 必要な情報だけを短時間で伝達できる

パラグラフの冒頭に要約文を書けば、次の5つの効果が期待できます。

①読み進むべきかを的確に判断できるので、必要な情報だけを読める
②メンタルモデルを作ってから読めるので、一読で理解できる
③根拠を確認しながら読めるので、一読で理解できる
④ポイントが強調できる場所に書いてあるので、重要な情報を記憶できる
⑤話が脇にそれにくくなるので、論理的に構成できる

◆読み進むべきかを判断できる

冒頭に要約文が書いてあれば、読み進むべきかを判断できるので、必要なパラグラフだけを読めます。要約文の内容に、納得できたならそのパラグラフは飛ばし、納得できないときだけ読み進めればよいのです。つまり、なるべく文章を読まずに、それでいて必要な情報を入手で

きるのです。パラグラフが詳細説明から始まっていると、最後まで読んだ後、「不要な情報だった」ということになりかねません。

◆メンタルモデルを作ってから読める

冒頭に要約文が書いてあれば、メンタルモデルを作れるので、その後の文章が理解しやすくなります。要約文によってメンタルモデルができれば、関連情報をあらかじめ活性化した上で、文章の展開を予測してから読めます。それだけ一読で理解しやすくなります。いきなり詳細な説明から始まっていると、読み手は、書き手が何を言わんとしているのか、常に考えながら読み進めなければなりません。

◆根拠を確認しながら読める

冒頭に要約文が書いてあれば、根拠が主張を正しく裏打ちしているかを、上から下へ一方通行で読めます。要約文には主張が、補足情報の文には根拠やデータが書いてあります。読み手は、主張を頭に置きながら、根拠を確認しつつ読めます。つまり、上から下へと、内容を一読で理解できるのです。主張が根拠より後に述べられていると、根拠の正当性を確認するため、根拠を読み直さなければなりません。

◆ポイントが目立つ

冒頭に要約文が書いてあれば、ポイントが強調されるので、重要な情報を強く記憶に残せます。冒頭は、読み手が最も緊張し、集中している箇所です。しかも、冒頭は、すべての読み手が読みます。読み手が緊張し、集中している箇所に重要な情報が書いてあれば、重要な情報が記憶として残ります。重要な情報を後回しにすると、集中力の落ちた読み手によって、重要な情報が読み落とされかねません。

◆話が脇にそれにくくなる

冒頭に要約文が書いてあれば、話が脇にそれにくくなるので、文章が論理的になります。要約文では、文章のゴールや道筋を先に宣言することになります。したがって、誤って話がそれかかっても、書き手自らその問題に気がつけます。つまり、論理的に構成できるようになります。いきなり詳細から書くと、話が迷走しても、書き手が気付きにくくなります。

急所 要約文を書くときは、この5点を注意しよう

パラグラフの冒頭に要約文を書くには、次の5つに注意します。

①前のパラグラフの要約文とつながるように書く
②ひとつのトピックだけをひとつの文で書く

③具体的に書く
④簡潔に書く
⑤文頭にキーワードを書く

◆前のパラグラフの要約文とつながるように書く

要約文だけを拾い読みしても意味が通るように配慮します。このとき、法則2「詳細はパラグラフを使って書く」の急所「パラグラフを縦と横で接続する」（86ページ参照）で学んだ縦つながりと横並びを意識しましょう。

各パラグラフの要約文だけを拾い読みしても意味が通るよう、要約文同士をつなげて書きます。したがって、あるパラグラフの要約文を書くときは、前のパラグラフの要約文を意識しなければなりません。文章をパラグラフで構成できているなら、各パラグラフ要約文だけで意味が通るはずです。もし、あるパラグラフの要約文が、前のパラグラフの要約文とどうしてもつながらないなら、そのパラグラフで2つのトピックを述べてしまったのかもしれません。2つのトピックを述べてしまうと、要約文がそのパラグラフのトピックをまとめきれません。その結果、要約文だけでは意味が通らなくなります。

要約文同士をつなぐとき、パラグラフが縦につながっているなら、前のパラグラフで述べた要約文の文末を、後ろのパラグラフで述べる要約文の文頭に置きます。例えば、問題―原因―

対策―効果と縦につながったパラグラフなら、次のような表現を使って説明します。
問題：現在、〇〇にはAという問題が頻発している
原因：Aの原因はBにある
対策：そこで、Bに対してCという対策を取った
効果：CによってDという効果が得られた

要約文同士をつなぐとき、パラグラフが横に並んでいるなら、総論で述べたキーワードを、並んでいるパラグラフの要約文の文頭に置きます。例えば、原因1―原因2―原因3と横に並んだパラグラフなら、次のような表現を使って説明します。
総論　：原因は、A、B、Cの3つが考えられる
原因1：Aは、……
原因2：Bは、……
原因3：Cは、……

◆ひとつのトピックだけをひとつの文で書く

要約文では、ひとつのトピックだけを、ひとつの文で表現します。ひとつのパラグラフでは、ひとつのトピックだけを述べるのですから、要約文でもトピックはひとつです。ひとつのトピックだけなら、必ずひとつの文で表現できるはずです。もし、要約文をひとつの文でまとめきれ

パラグラフの先頭には必ず要約文を置く

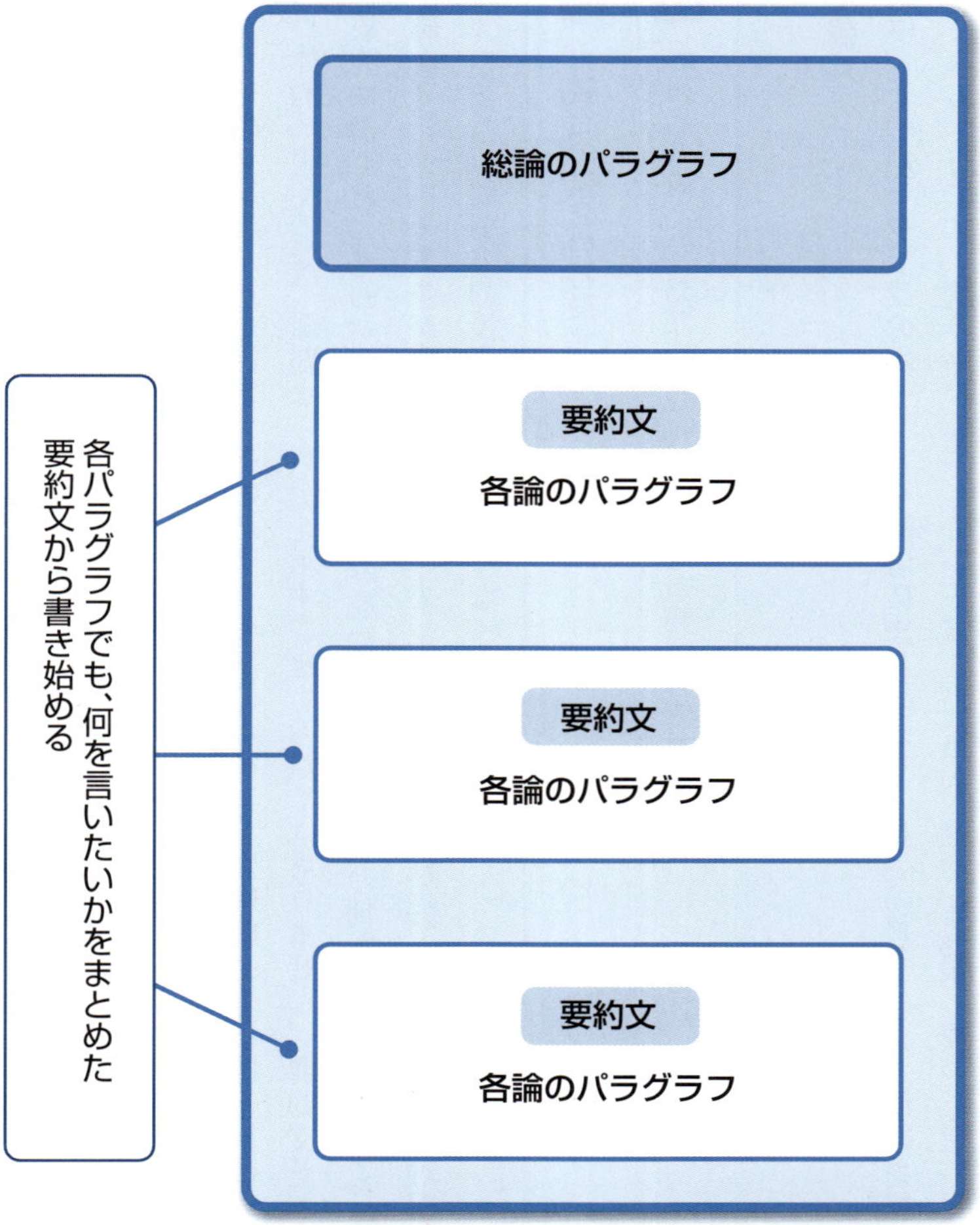

ないと感じるなら、そのパラグラフで2つのトピックを述べた可能性があります。無理にひとつの文に押し込むのではなく、パラグラフの分割を検討すべきです。

◆具体的に書く

要約文は、その文を読んだだけで、そのパラグラフのポイントが理解できるほど具体的に書きます。具体的に書くので、重要なら数値を示すことも珍しくはありません。要約文だからといって抽象的に書くと、そのパラグラフを読み進むべきかどうかの判断ができなくなります。また、明確なメンタルモデルが構築できないので、関連情報が活性化できず、情報処理が遅くなります。つまり、要約文の役目を果たさなくなってしまいます。

> **悪い例** 本製品の第2の特徴を以下に示す。
>
> **良い例** 本製品の第2の特徴は、12Wという低消費電力です。

◆簡潔に書く

要約文は、そのパラグラフのポイントを簡潔にまとめます。長さの目安はA4用紙を横書き1段で書くなら1行です。読み手が緊張している書き出しで、重要な情報に絞った短い文を書

パラグラフの冒頭には要約文を書く

縦つながり

現在、〇〇にはAという問題が頻発している。＿＿＿＿＿＿＿＿＿＿＿＿＿＿＿＿。

Aの原因はBにある。＿＿＿＿＿＿＿＿＿＿＿＿＿＿＿＿。

そこで、Bに対してCという対策を取った。＿＿＿＿＿＿＿＿＿＿＿＿＿＿＿＿。

CによってDという効果が得られた。＿＿＿＿＿＿＿＿＿＿＿＿＿＿＿＿。

横並び

原因は、A、B、Cの３つが考えられる。

Aは、＿＿＿＿＿＿＿＿＿＿＿＿＿＿＿＿。

Bは、＿＿＿＿＿＿＿＿＿＿＿＿＿＿＿＿。

Cは、＿＿＿＿＿＿＿＿＿＿＿＿＿＿＿＿。

くと、読み手の記憶に強く残ります。要約文をだらだら書くと、不要な情報で重要な情報がぼけてしまいます。

悪い例 本製品の第2の特徴は、12Wという低消費電力によって、年間の電気代が従来の3分の1、おおよそ500円に抑えられるので、家計に優しいということです。

良い例 本製品の第2の特徴は、12Wという低消費電力です。

◆キーワードを文頭に書く

要約文は、できればその文章やそのパラグラフのキーワードで書き始めます。要約文の文頭は、パラグラフの書き出しなので一番目立ちます。さらに、文頭は、文の主語になりやすい部分です。文の主語なら、文の中心語ですので、その意味からも強調できます。キーワードを強調できれば、論理構成も伝わりやすくなります。また、そのキーワードを読み手の記憶にも残せます。例えば、会社紹介のパンフレットでは、会社名や製品名もしくは、それに準ずる言葉（「私たち」など）が主語になります。ただし、あくまで「できれば」です。日本語を不自然にしてまでキーワードを文頭に置く必要はありません。

パラグラフのキーワードは、要約文の文頭だけではなく、できれば見出しとしても活用しま

す。例えば、右のページとこのページで確認してみると、見出しには「具体的」「簡潔」「キーワード」というキーワードが使われています。要約文の文頭には、「要約文」あるいは「パラグラフのキーワード」という、やはり別にキーワードが使われています。この見出しと要約文の文頭で、大事な情報を強調しているのです。しかし、これもあくまで「できれば」です。実際には、すべてのパラグラフに見出しが置けるとは限りません。

check

冒頭に要約文がない例

全部読まなければ理解できない

次の文章（林明文「追い出し部屋」http://www.transtructure.com/column/column20130704.html 2013年7月4日）では、第2パラグラフのみ冒頭が要約文で始まっていません。そのため、第2パラグラフのみ、次のような問題が生じています。

- 読み進む価値のある内容か、文章を全部読んでみなければわからない
- メンタルモデルが作れないので、先の内容を理解しにくい
- 根拠の後に主張が述べられているので、主張の正当性が確認しづらい
- 主張が最初に書かれていないのでぼけている

最近大手企業による〝追い出し部屋〟が問題となっています。辞めてもらいたい社員を

〝追い出し部屋〟へ配属して、有形無形の圧力をかけながら最終的に退職に追い込むというものです。報道されている追い出し部屋の状況を見るに、社会的な常識を逸脱している感を持ちますが、この追い出し部屋は近年突然出現した手法ではなく、過去20年以上も前から、ある意味定番の人員削減手法でした。手口が悪質になってきたことや、今までこのような手口で人員削減してこなかった有名企業がこのような手法を利用するようになり、注目を浴びているというのが実態です。

▼冒頭が要約文になっている。このパラグラフでは、追い出し部屋が問題となっている、というひとつのトピックでまとめられている。

バブル経済崩壊前までは、日本の大手企業は〝団塊の世代〟問題で頭を悩ませていました。50歳代の社員の比率が高く、全員に魅力的な職務を提供できないという現象が起きていました。そのため中高年社員のモチベーションは下がり、逆に年功的な人事制度であったがために人件費は高騰化します。企業業績がよかった当時でも、この活用できない中高年社員対策は頭の痛い長年の課題でした。この課題に対して当時の大手企業では、〝人材開発室〟の設置や人材紹介子会社を設置して、活躍の場を失った中高年社員に対し子会社、関係会社、取引先に対する出向や転籍を促進するという手法が普通に行われていました。配属場所に困る社員を人材開発室付けとすることなども多くみられた手法です。これが追い出し部屋の原型であると考えられます。

▼冒頭が要約文になっていない。このパラグラフのトピックは、「実は、追い出し部屋は、最近できたのではなく、バブル経済崩壊前にもあった」である。要約文が冒頭にはないものの、このパラグラフは、バブル経済崩壊前にあった追い出し部屋の説明、というひとつのトピックだけを述べている。

しかしこの当時の追い出し部屋は、できるだけトラブルなく、また失業を伴わないで円滑に他社に出向・転籍させることが目的であり、退職させることに対してのみ重点が置かれていた訳ではありません。活躍場所を失った中高年社員のセカンドキャリアを何とか開拓するという感覚が強かったと思います。一部の企業ではこのような手法を、本当に追い出すための手法として、退職させたい中高年社員用の専門部署を設置したり、出向先開拓を社員自ら行わせるといった例も見られましたが、うまくいかないケースが多く失敗例として認識されました。このように昔の追い出し部屋は、緩やかなキャリア転換のための緩衝的措置として、悪意なく実施されていたと言えるでしょう。

▼冒頭が要約文になっている。このパラグラフでは、当時の追い出し部屋は、退職させることに対してのみ重点が置かれていた訳ではない、というひとつのトピックでまとめられている。

しかしバブル経済崩壊後は、このような良識的な追い出し部屋的手法も継続していますが、何とか無理矢理退職させる手法として、いじめ的な要素のある追い出し部屋手法が数を増やします。ある旅行会社では辞めさせたい中高年社員50人を、〝特別営業部〟と称して無理な営業目標を与え、達成できなければ退職しろと言わんばかりの施策を実施し、見事に社員の強烈な反発で失敗しました。またある商社では、辞めさせたい社員を会社に出勤させずに資格学校に通わせ、自分で自分のキャリア開拓を要求するようなこともありました。長年企業で活躍してきた中高年社員にとっては、学生と一緒に資格学校に通うという屈辱的な処遇です。これも社内や一部マスコミで取り上げられ結果として会社の良識を疑われ中止せざるを得なくなりました。またこのような悪意のある追い出し部屋手法で裁判例になり会社が負けた例なども有名です。

▼冒頭が要約文になっている。このパラグラフでは、無理矢理退職させる手法として、いじめ的な要素のある追い出し部屋手法が数を増やしている、というひとつのトピックでまとめられている。

社員の退職施策は難易度が高く、社会的常識や法律的な制約の範囲内で行うことが成功の絶対的要因です。現在報道されているような、悪意ある追い出し部屋的手法は、決してよい結果がでるものではなく、逆にトラブル発生、他の社員のモチベーションダウン、社会的な信用の失墜などが発生します。追い出し部屋的手法を取るのであれば昔の良識的な追い出し部屋的手法ではありませんが、ある意味雇用を大事にする思いやりのあるスタンスでなくてはうまくいかないということです。

▼冒頭が要約文になっている。このパラグラフでは、退職施策は社会的常識や法律的な制約の範囲内で行うことが成功の絶対的要因だ、というひとつのトピックでまとめられている。

▼第2パラグラフの要約文を書き直せば、要約文だけで意味が通る。パラグラフを使って書かれており、第2パラグラフを除けば要約文も冒頭にあるので、かなりしっかり書かれた文章といえる。

冒頭に要約文がある例

次の文章（阿川尚之「AO入学者が一般入試の入学者より学業成績優秀。この傾向が何を語るか」「日本の論点　2009」文藝春秋）では、各パラグラフの冒頭に、要約文が書かれています。このため、要約文だけを読んでも意味が通ります。

慶應義塾大学は一九九〇年（平成二年）に湘南藤沢キャンパス（ＳＦＣ）を開設し、総合政策学部と環境情報学部という双子の学部をＡＯ入試制度と共に発足させた。（▲これが要約文）すなわちアドミッションズ・オフィスという新しい部署を設け、そこに寄せられた出願書類一式を丹念に審査し、最終的には学生を直接面接して合否を判定する、新しい入試方式である。

それから一八年、ＳＦＣではＡＯ入試が完全に定着した。（▲これが要約文）例えば二〇〇八年度ＡＯ入試の実施状況を見ると、総合政策学部と環境情報学部合わせて志願者総数一五一五名、面接者総数三一九名、合格者数二三九名という結果が出ている。前年度と比較して、志願者数は総合政策学部で二〇六名増加、環境情報学部でも一四八名増加した。ＡＯ入試の受験者数は近年やや低落傾向にあったが、〇八年度から大幅増加に転じ、同年の志願者数は過去最高。合格者の手続き率も高い。〇九年度もこれまでのところ、出願者がさらに増えている。ＡＯ入試で入学する学生の数は、二学部あわせて全体の約二割を占める。

ＡＯ入試は受験者の数が増えているだけでなく、その質も高い。（▲これが要約文）〇五年の調査によれば、入学後の成績、活動、慶應内外での受賞実績において、ＡＯで入学した学生は一般入試の学生よりもよい結果を出している。例えば学業成績については、九〇年から〇五年まで一貫して、ＡＯ入学者のＧＰＡ換算の成績（平均値）が一般入試による入学者よりも高かった。また、学術・芸術・社会活動・文化活動等において優れた業績を挙げた学生を慶應義塾内で顕彰する「塾長賞」や「塾長奨励賞」などの受賞率も、ＡＯ入学者の方が高い。

教員の多くも、ＡＯ入試で入学した学生は、おしなべて勉学・活動への意欲が高いと感じている。（▲これが要約文）個人差があるものの、ＳＦＣを志望するにあたり学部のことを相当調べ、実際にＳＦＣを訪れ、ＳＦＣへ進学した高校の先輩に話を聞き、まだ稚拙だとはいえ「大学で何をしたいか」を自らに問い、文章にする。その過程で、一言でいえば「ＳＦＣにぞっこん」となってＡＯの願書を出す学生が、毎年相当数存在する。

▼要約文を太字で表記した。要約文だけで意味が通るのがわかる。

トレーニング解答

第３パラグラフ：

このような急激な変化に対応するには、コンピテンシーを持った人材が必要である。

第５パラグラフ：

次に、表明してもらったコンピテンシーを、グループ活動試験で実際に発揮してもらう。

パラグラフのトピックを抽出するのは当然で、前後のパラグラフとの接続も配慮しなければなりません。

各パラグラフの要約文だけを抽出すると、次のようになります。

1.（総論なので考慮外）
2.当社のビジネス環境は、従来の採用方法では対応しきれないほど急激に変化しつつある。
3.（必要な人材の話）
4.コンピテンシーを持った人材を採用するには、まず面接試験を通じて、受験者にコンピテンシーを表明してもらう。
5.（グループ活動試験の話）

第２、３、４パラグラフは縦につながっていますので、前のパラグラフの要約文で述べた後半の情報が、次のパラグラフの要約文で述べる前半の情報に対応するように考えます。つまり、第３パラグラフの要約文の前半は、第２パラグラフの要約文の後半である「急激に変化しつつあるビジネス環境」という趣旨を受けて作ります。また、第３パラグラフの要約文の前半は、第４パラグラフの要約文の前半である「コンピテンシーを持った人材を採用」という趣旨を受けなければなりません。

第５パラグラフは、第３パラグラフと縦につながりつつ、第４パラグラフと横に並んでいます。より細かく分析すると、第４パラグラフとは弱く縦にもつながっています。そこで、「コンピテンシーを持った人材を採用」や「コンピテンシーを表明」いう趣旨の表現を文頭側に、「グループ活動試験」を文末側に置いた文を考えます。

トレーニング 3

以下は、ある提案書の抜粋です。第3、第5パラグラフの要約文が削除されています。削除された要約文を作りましょう。

当社は、コンピテンシーを重視した採用に変更すべきである。コンピテンシー採用には、面接試験とグループ活動試験が重要となる。

当社のビジネス環境は、従来の採用方法では対応しきれないほど急激に変化しつつある。従来は、当社の主力製品である写真フイルムにかかわる知識を持っている学生を採用してきた。しかし、写真フイルムの需要が大幅に減ったので、当社の業務も多角化している。もはや専門分野だけを採用の基準にはできなくなった。

[　　　　　　　　　　　　　　　　　　　　　　　　]。コンピテンシーとは、「高い業績を上げ続ける人に特徴的に見られる物事の考え方や姿勢、行動特性」を指す。コンピテンシーを持った人材は、自分自身で問題を発見し、課題や目標に果敢にチャレンジする。また、周囲の人を巻き込みながら問題解決にあたる。

コンピテンシーを持った人材を採用するには、まず面接試験を通じて、受験者にコンピテンシーを表明してもらう。表明だけでなく、過去の経験でそのコンピテンシーを示してもらう。具体的には、新卒なら、学生時代に打ち込んだこととその成果になるだろう。中途採用では、これまでの成功体験やエピソードになる。

[　　　　　　　　　　　　　　　　　　　　　　　　]。言葉だけではなく、言ったことを、ディスカッションやグループワークの中で発揮することで、本当にコンピテンシーを持つことを証明してもらうのである。面接だけでは、マニュアル通りの回答で、受験者の個性を観察しにくくなる。

Column

正しく書けているかどうかを判断する方法

文章が正しく書けているかどうかを判断する簡単な方法があります。それは、各論のパラグラフの先頭文だけで、意味が通るかをチェックすることです。

本書で説明した法則の２と３を守った文章は、パラグラフの先頭文だけで意味が通ります。「法則２　詳細はパラグラフを使って書く」に基づいてひとつのトピックをひとつのパラグラフで述べ、「法則３　パラグラフの冒頭には要約文を書く」に基づいてパラグラフのトピックを冒頭に書くと、先頭文だけで意味が通ります。正しく書けた証拠だといえます。

逆にいえば、先頭文だけで意味が通らないなら、法則２か法則３ができていないのです。つまり、ひとつのパラグラフで複数のトピックを述べたり、逆にひとつのトピックを複数のパラグラフで述べたりしているのです。あるいは、トピックをパラグラフの冒頭では述べていないのです。

しかし、パラグラフの先頭文だけで意味が通る文章を見ることは、ほとんどありません。私が会社勤めをしていた頃、よく論文のチェックを頼まれましたが、自社も含め日本人の書く論文で、先頭文だけで意味が通る文章を見ることは一度もありませんでした。一方、アメリカの会社が書いた論文は、先頭文だけで意味が通る場合が多くありました。ビジネス書を読んでも同様です。数百冊のビジネス書を読んでも、先頭文だけで意味が通る本は数冊にすぎません。

では、正しく書けているかどうかを、このコラムで確認してください。このコラムの各論は、第２～４パラグラフです。３つの文だけを読んでも意味が通るのがわかります。このことは、このコラムだけではありません。本書のすべてで、要約文だけを読んで意味が通るようになっています。

法則4

文頭にはすでに述べた情報を書く

Point

文の前半で前述した既知の情報を引き継ぎ、文の後半で未知の情報を付加していきます。この流れを意識すると、代表的な3つの型が見えてきます。既知から未知の流れは、要約文だけを読んでも成立するよう意識します。流れを守るためには、若干くどくなっても構いません。

原則 すでに述べた情報を〝つなぎ〟に新情報を展開する

文の中は、既知の情報から未知の情報へと展開します。つまり、文の前半で前述した情報を引き継ぎ、文の後半で初出の情報を付加していきます。既知の情報から未知の情報へと展開する方法は、「統一型」「引継型」「展開型」の、3つの型に分類できます。

◆統一型

文頭に来る主語を、キーワードで統一した型です。論理的な接続関係より、キーワードを強調したいときに使います。この型は、カタログなどで商品をキーワードにして、あるいは会社案内などで会社をキーワードにして使われます。

例：宝石は、人類にとっていつの時代も魅力的なものであった。数千年もの間、宝石は護符、つまり悪魔や災害から身を守ってくれるお守りとして身につけられてきた。ある宝石は、その持ち主に未来を予言する力を与えると信じられていた。また、ある宝石は、有罪か無罪かを言い当てられると思われていた。

◆引継型

前の文の後半で説明した情報を、次の文の文頭に既知の情報として使うことで、次々に文をつなげていく型です。文と文が縦につながっているときに使います。

例：デフレ、つまり物価が下落すると、生産者企業の収益が悪化します。収益が悪化すれば、企業は人員を削減したり賃金のカットをしたりします。失業したり、賃金が減少したりすれば、生活を守るためにものをあまり買わなくなります。需要が減衰すれば、企業は商品価格を下げざるを得なくなります。商品価格が下がれば、さらに物価は下落していきます。

既知から未来に文章を展開する３つの型

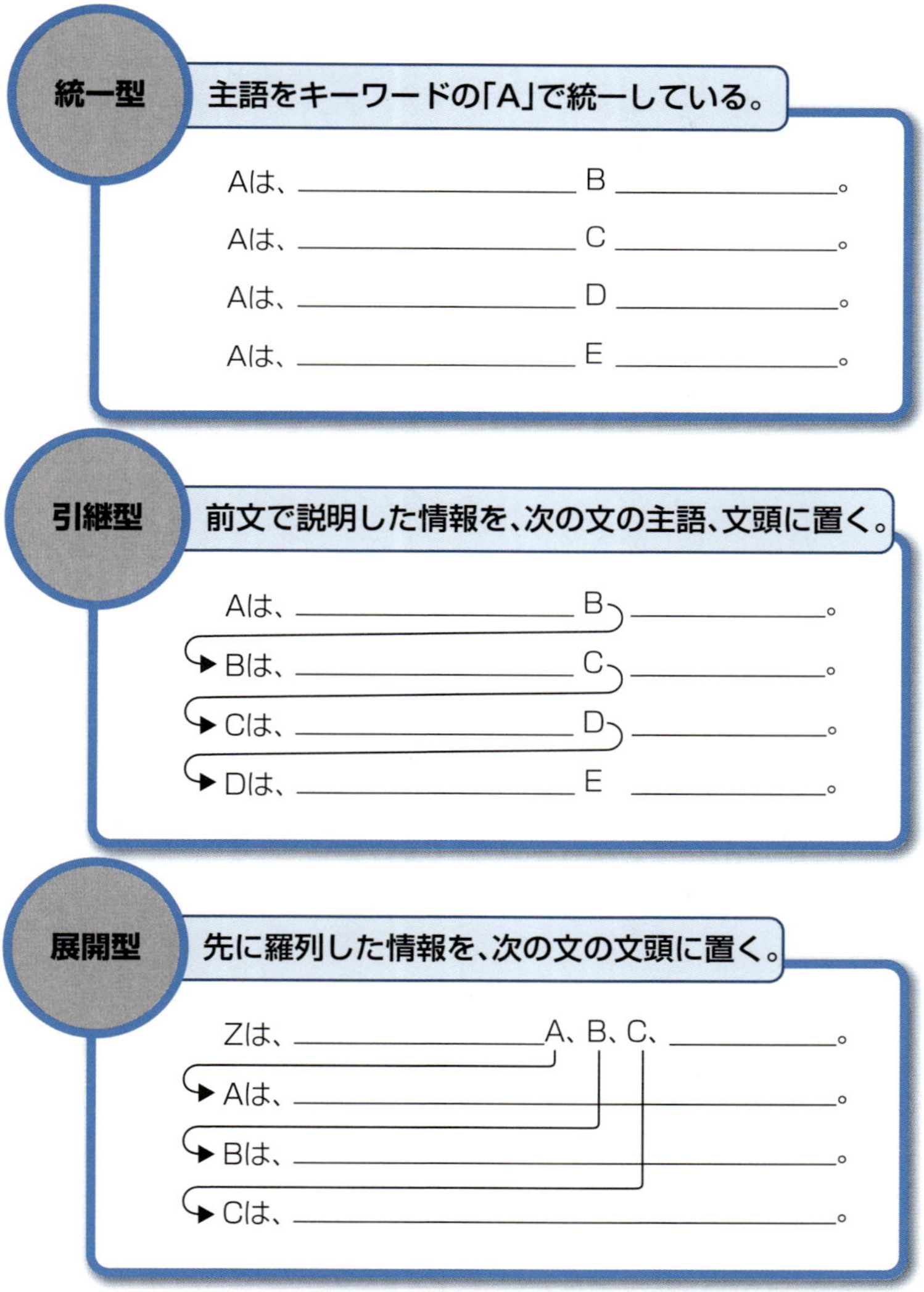
統一型
主語をキーワードの「A」で統一している。
Aは、＿＿＿＿＿＿B＿＿＿＿＿。
Aは、＿＿＿＿＿＿C＿＿＿＿＿。
Aは、＿＿＿＿＿＿D＿＿＿＿＿。
Aは、＿＿＿＿＿＿E＿＿＿＿＿。
引継型
前文で説明した情報を、次の文の主語、文頭に置く。
Aは、＿＿＿＿＿＿B＿＿＿＿＿。
Bは、＿＿＿＿＿＿C＿＿＿＿＿。
Cは、＿＿＿＿＿＿D＿＿＿＿＿。
Dは、＿＿＿＿＿＿E＿＿＿＿＿。
展開型
先に羅列した情報を、次の文の文頭に置く。
Zは、＿＿＿＿＿＿A、B、C、＿＿＿＿＿。
Aは、＿＿＿＿＿＿＿＿＿＿＿。
Bは、＿＿＿＿＿＿＿＿＿＿＿。
Cは、＿＿＿＿＿＿＿＿＿＿＿。

◆**展開型**

最初の文で情報を羅列し、後続の複数の文が、先に羅列した情報を既知の情報として文頭に使うことで、並列を形成する型です。文と文が横に並んでいるときに使います。

例：本ロボットは、自律モード、パフォーマンスモード、ゲームモードの3つのモードで動作します。
自律モード：人工知能によって自律的に行動します。
パフォーマンスモード：あらかじめプログラムされたパフォーマンスを実演します。
ゲームモード：迷路脱出ゲームやお使いゲームの主体として行動します。

効果　滑らかに流れる文章になる

文頭に、すでに述べた情報を書くと、次の3つの効果が期待できます。
①情報の流れが良くなるので、一読で理解できる
②論理の飛躍を防止できるので、論理的に構成できる
③次の文頭を決めて書けるので、速く書ける

◆情報の流れが良くなる

既知から未知へと情報を展開すれば、前後の文の接続が良くなるので理解しやすくなります。既知の情報は、すでにメンタルモデルによって活性化されているため、文頭に来ていても、読み手はその情報を高速に処理できます。文頭の既知の情報でさらに関連情報が活性化されるので、次に来る未知の情報と、文頭にある既知の情報との関係が容易に理解できるのです。したがって、内容を一読で理解できます。

一方、未知の情報が既知の情報より先に来ると、文章の流れが滞ります。なぜなら、未知の情報はメンタルモデルにより活性化されていないので、未知の情報で文が始まると、読み手はメンタルモデルが作れないからです。メンタルモデルが作れないと、情報がこの先どう展開していくのかを予測できません。先を予測できない分、読み手は理解しにくいと感じます。

◆論理の飛躍を防止できる

既知から未知へと情報を展開すれば、論理が飛躍するのを防止できるので、文章が論理的になります。前で説明した既知の情報をもとに、次の未知の情報を説明することが繰り返されます。模式化すれば、「A→B」「B→C」「C→D」「D→E」のような説明になります。したがって、すべての説明が互いに結びつきを持つようになります。これはあたかも、文が互いに鎖でつながっているかのようなイメージです。論理が飛躍しないのですから、文章を論理的に構成できます。

既知から未知を意識しないと、論理は飛躍しやすくなります。なぜなら、書き手から見れば当たり前のステップを書く必要はないからです。しかし、書き手にとって当たり前でも、読み手にとっては当たり前とは限りません。一般的には、そこに書かれている内容について、最もよく知っているのは書き手側なのです。書き手からすれば飛ばしても大丈夫だという情報でも、読み手からすると飛ばされては困るというのはよくあることです。

◆次の文頭を決めて書ける

既知から未知へと情報を展開すれば、次の文頭が自然に決まるので、速く書けるようになります。既知の情報しか文頭には出られないのです。しかも、書き手は次の文で書く内容をおおむね頭の中に置いています。そうなると次の文頭の情報は、ほぼひとつか2つに絞られるのです。例えば、「スマートフォンの普及に伴って、スマートフォンを活用した決済端末ソリューションが拡大している」と書いてあれば、次の文頭は、「決済端末（ソリューション）」か、「スマートフォン」の可能性がかなり高いです。なぜなら、ここでは「決済端末（ソリューション）」か、「スマートフォン」の話をしているのですから。この2つの候補のどちらかは、次の文の内容によって自然に決まります。

文頭にはすでに述べた情報を書く

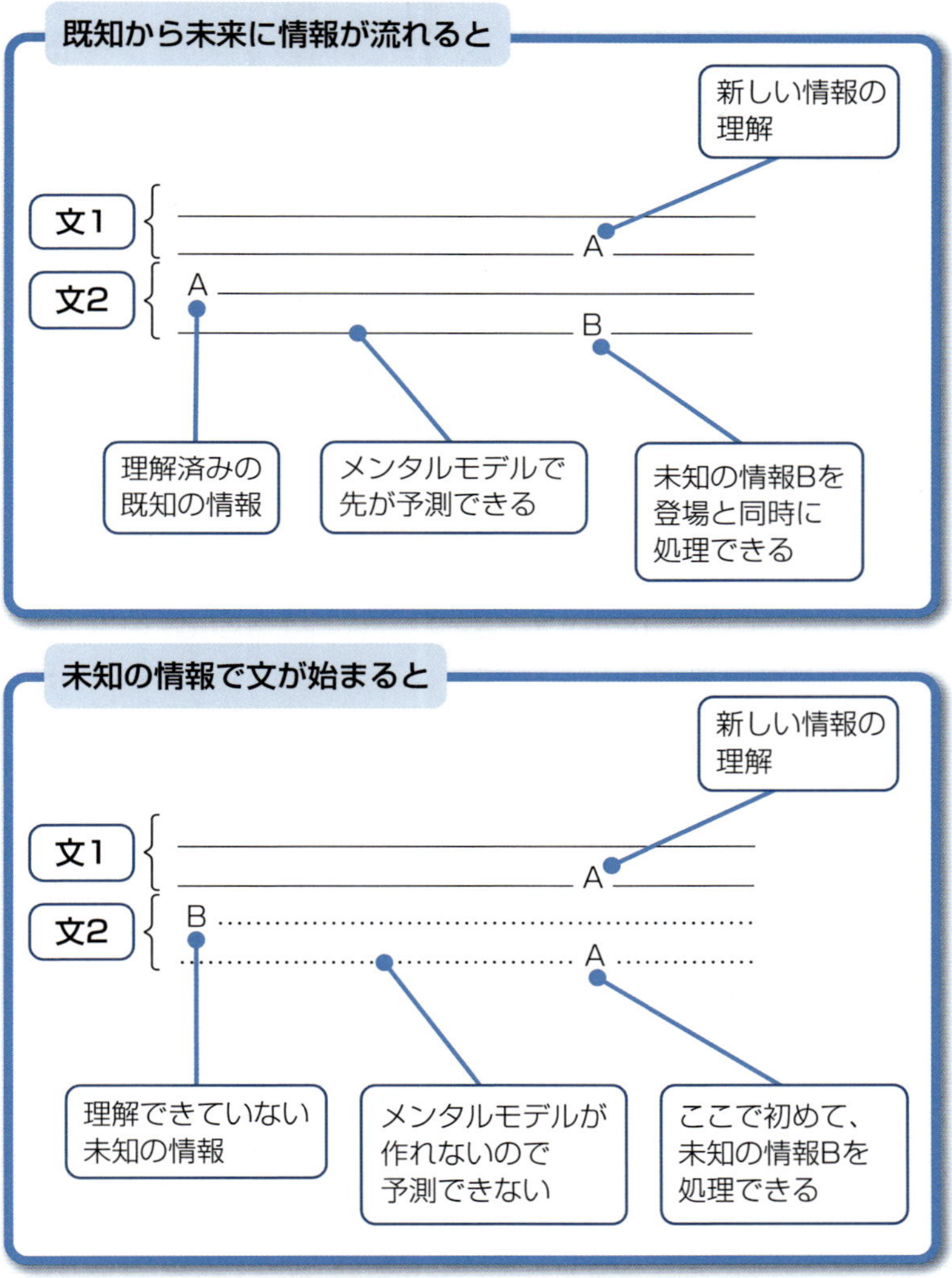

急所

既知から未知への流れを守るために、この3点を注意しよう

文頭に、すでに述べた情報を書くには、次の3つに注意します。

①要約文だけで既知から未知に流れるように配慮する
②若干くどくても既知の情報を意識して文頭に書く
③能動態か受動態かは意識しない

◆要約文だけでも既知から未知に流す

既知の情報から未知の情報へと展開するのは、前後の文だけではなく、要約文同士でも同じです。要約文だけで意味が通らなければなりません（「パラグラフの冒頭には要約文を書く」の「前のパラグラフの要約文とつながるように書く」111ページ参照）。つまり、要約文だけを拾い読みしても、すべての要約文で既知から未知へと情報が流れるように書きます。つまり、パラグラフ間は要約文同士が、パラグラフ内は前後の文が、既知から未知の流れを作るのです。

◆くどくても既知の情報を意識して文頭に書く

既知の情報を文頭に書くと、若干くどさを感じる場合がありますが、気にする必要はありま

せん。既知の情報を文頭に書くと、前の文に登場した言葉が、次の文にも登場します。そばで同じ言葉が重複するので、くどく感じるときもあります。しかし、この文と文をつなぐ情報を省略してしまうと、読み手がその省略した部分を推測しなければならないので、わかりにくく感じます。仮に、書き手から見て省略しても大丈夫な場合も、読み手から見ればわかりにくいことも多いのです。

しかし、書き手は未知の情報が文頭にあっても、わかりにくさを感じないので注意が必要です。なぜわかりにくくないかといえば、書き手だけはすでにその情報を活性化しているからです。書き手は、その文でこれから何を述べるかを、書く前から知っているからです。書き手のわかりやすさは、読み手とは違うのです（法則1「文章の冒頭には重要な情報をまとめて書く」の効果「メンタルモデルを作ってから読める」62ページ参照）。

◆能動態か受動態かは意識しない

能動態で書くか、受動態で書くかは意識する必要はありません。なぜなら、既知の情報から未知の情報へと展開すれば、文頭の主語が自然と決まってしまうので、能動態か受動態かも自然と決まるからです。情報の流れを無視して、無理に能動態または受動態にすれば、不適切な情報が主語となるため、文章の焦点がぼけてしまいます。よく、「受動態を避け、能動態を使う」といわれます。しかし、この考え方は、ひとつの文という点からは正しいですが、文章という点からは誤った考え方です。

文章の流れを無視して、無理に能動態を使えば、文章全体での表現力が落ちてしまいます。

例えば、次の文章では、初めはＡＢＣ会社の話をしていたのに、最後の文を無理に能動態で表現したため、突然、鈴木氏の話になってしまっています。これでは読者は面を喰らってしまいます。

悪い例

ＡＢＣ社は、コンピュータの製造、販売をしています。ＡＢＣ社は、独自の販売網を開発することで、厳しい業界の中にあって、年率30％以上売り上げを伸ばしてきました。ＳＵＺＵＫＩ理論で有名な鈴木一郎氏が、１９８５年にＡＢＣ社を興したのです。

check

既知から未知の流れが守られていない例

前後の関係がわかりにくい

次の文章（朝日新聞の社説　２０１４年1月11日）では、既知から未知の流れが守られていないので、前の文と次の文の関係がわかりにくくなってしまっています。

（前半部分省略）

さらに気になるのは、刑務所に来る理由だ。実刑判決になる2大犯罪は窃盗と薬物だが、

65歳以上の女性の場合、8割が窃盗で、多くは万引きだ。

社会的支援があれば、刑務所まで来なくてすむ人も少なくないのでは、と考えさせられる。

▼細かい指摘になるが、「社会的支援」は未知の情報である。「万引きのような軽い犯罪なら、」という既知の情報を文頭に置けば、文の接続はよりはっきりする。

法務省の専門家によると、一人暮らしのシニア女性が増え、年金を受けていても額が足らない、手持ちのお金はあるが減らしたくないなどの理由で、万引きに走るケースが目立つ。娘時代は親、結婚すれば夫や子どもが当たり前に面倒をみてくれた昔と違う環境で、孤立する女性の姿がある。

▼「娘時代は親」は明らかに未知の情報である。情報の流れが悪くなっている。「孤立する女性の現在の状況は、娘時代は親、結婚すれば夫や子どもが当たり前に面倒をみてくれた昔とは違うのだ」とすれば、既知から未知に流れるので、前の文とのつながりがよくなる。

刑務所の再犯対策も、十分とはいえない。とくに買うお金があるのに万引きを繰り返すなど、自分の衝動を抑えられない病気が疑われる場合、社会に戻ればすぐ再犯してしまう。アルコール・薬物への依存の治療に近い専門的なアプローチが進んでいる分野である。

刑務所にいる間に治療への道筋をつけられるようにすべきだ。

▼「アルコール・薬物への依存の治療」も未知の情報である。「再犯対策の中には、アルコール・薬物への依存の治療に近い専門的なアプローチもある」とすれば、既知から未知に流れる。

刑務所を出たあと、受け入れる更生保護施設、帰る先の自治体などと刑務所が連携し、簡単に刑務所に舞い戻らないよう支えることが必要だろう。

買ったものとレシートや手持ちのお金を、本人とスタッフが一緒に付き合わせ、お金の管理を徹底的に教えるなど、実践を積み上げている更生保護施設もある。だが、その対象者の数には限りがある。

▼「買ったものとレシートや手持ちのお金」も未知の情報である。「更生保護施設では、買ったものとレシートや手持ちのお金を、……実践を積み上げている例もある」とすれば、既知から未知に流れる。

check

既知から未知の流れが守られている例

次の文章は、既知から未知の流れが守られているので、文と文の接続が明確で、文章の内容が一読で理解できます。

知能を測る指標のひとつとして有名なのが知能指数（IQ：Intelligence Quotient）です。しかし、IQが高くてもビジネスで成功しない人はいくらでもいます。そこで、ビジネスに成功する人に共通の指標として、感情をうまく管理して利用できる能力（EQ：Emotional Intelligence Quotient）が提唱されています。このEQは、心内知性、対人関係知性、状況判断知性の3つの知性で決まります。

心内知性は、自分で自分の心理状態を捉え、コントロールする知性です。この知性が反映されるのは、論理的思考力、ストレス耐性力、目標達成能力、意志決定力などです。心内知性が高いと、感情を必要に応じて抑えたり、逆に利用したりできるので、論理的思考力などIQ的能力を発揮しやすくなります。心内知性は、自己認識力、ストレス共生、気力創出力の3つの能力で構成されています。

対人関係知性は、相手に適切かつ効率的に自分の考えを伝える知性です。この知性が反映されるのは、人間関係力、自己表現力などです。対人関係知性が高いと、どのように表現すれば相手により理解されるのかがわかるので、対人関係を上手に構築できます。対人関係知性は、自己表現力、アサーション、対人関係力の3つの能力で構成されています。

状況判断知性は、相手の心理状態を把握し、自分と相手との間合いを敏感に察知する知性です。この知性が反映されるのは、観察力、共感能力です。状況判断知性が高いと、周囲の人がどのような状況にあるかを敏感に察知できるので、自分の行動を調整することで、人間関係を豊かにできます。状況判断知性は、対人受容力、共感力の2つの能力で構成されています。

▼この文章は、第1パラグラフ（総論）が引継型で構成されている。また、第2～4パラグラフ（各論）がそれぞれ統一型である。さらに、文章全体としては、4つのパラグラフが展開型になっている。

Column

日本語と英語の違い

日本語と英語では、文法構成が異なるため、両者にメリットとデメリットがあります。しかし、論理的でわかりやすい文章の書き方は同じです。

日本語は、わかり切った主語を省略できるので、くどさの解消がしやすいです。統一型の文章の場合、文頭をキーワードでそろえるためくどくなります。ビジネス文章は、若干くどくてもキーワードを強調するために、このキーワードを明示して書きます。しかし、ときにはあまりにくどくて滑稽になる場合もあります。そんなとき、日本語には、主語を省略するという手があります。英語は、原則として主語を省略できないので、くどさの解消に困る場合もあります。

一方、英語は、主節と従属節のどちらが先でも構わないので、既知から未知の流れが作りやすいです。例えば、逆説を表すalthoughの場合、「主文 although 従属文」でも、「Although 従属文, 主文」でも構いません。したがって、よりきれいに既知から未知に流れる構成を選択できます。しかし、日本語の場合、「＜従属文＞だが、＜主文＞」の順しかありません。それだけ、既知から未知の流れが作りにくいと感じる場合もあります。

ちなみに、「英語は動詞が主語の直後という文頭側に来るので、総論から書く文化が根付いている」という意見を聞きますが、見当違いです。動詞が文頭側、文末側のどちらにあるかと、総論を先に書くのは別問題です。事実、中国語は、英語と同じような文法構成ですが、総論から書く文化が根付いているとはいえません。人間は、考えたことを考えたまま、やったことをやった順に書けば、言いたいこと（結論）は、最後に回るのです。それを前に書くのは教育の成果です。

文の構成は言語により異なりますが、考える順や理解する順は、言語にかかわらず同じです。したがって、一文ではなく文章で考えれば、論理的でわかりやすい文章の構成は、言語によらず一定です。

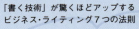

トレーニング解答

①
文頭:Y電機、大規模店
文末:デジタル関連商品と非家電商品
文の例:Y電機は、大規模店の広大なフロアで、デジタル関連商品と非家電商品を中心に陳列した

②
文頭: 新規出店
文末: 株価の上昇
文の例:新規出店により業績が急進すれば株価が上昇する

①

抜けている文は、パラグラフの先頭なので、要約文です。要約文は、前後のパラグラフの要約文と既知から未知に流れなければなりません。さらに、パラグラフ内でも既知から未知に流れなければなりません。

前後のパラグラフとの接続を考慮すると、文頭は「Y電機」や「大規模店(の大量出店)」と判断できます。なぜなら、第2パラグラフと第3パラグラフは、縦につながっているからです。そこで、第2パラグラフの要約文である「Y電機は、規制緩和を受けて大規模店を大量出店した」の後半を、第3パラグラフの前半に置きます。「Y電機」は、文章全体のキーワードですので、この単語も文頭に出やすくなります。

パラグラフ内を考慮すると、文末は「デジタル関連商品」や「非家電商品」と判断できます。なぜなら、第3パラグラフは、その内容から展開型の構成だからです。展開型なら、「AとBです」→「Aは、」→「Bは、」のような流れを意識します。

②

抜けている文は、引継型を意識して、文頭が「新規出店」、文が「株価の上昇」と判断できます。なぜなら、第4パラグラフは、引継型で、転換社債による資金調達の説明をしているからです。引継型なら、「AはB」→「BはC」→「CはD」のような流れを意識します。

トレーニング 4

次の文章は、ある分析レポートの一部です。文章の途中で文が２つ抜けています。この抜けている文（①と②）の文頭と文末には、どんな情報が書かれているべきかを、既知から未知を意識して予測しましょう。

Y電機の成功は、大規模店の大量出店によるところが大きい。その大規模店でのデジタル関連商品と非家電商品を中心にした商品陳列戦略と、転換社債を利用した資金調達戦略が効果的だった。

Y電機は、規制緩和を受けて大規模店を大量出店した。大規模小売店舗法が2000年6月に廃止されたことで、大規模小売店出店規制がなくなると、Y電機は大規模店を大量に出店した（図1参照：ここでは図は省略）。規模が拡大されれば、メーカーからの協賛金、仕入れ割り引きが大きくなるので、その原資を値引きやポイント還元に回して顧客を増やせる。この「規模の利益」によっても売り上げが拡大した（図2参照：ここでは図は省略）。

［①　　　　　　　　　　　　　　　　　　　　］。デジタル関連製品では、パソコン、薄型テレビ、携帯電話などを、非家電商品では、書籍、AVソフト、ブランド品、化粧品などを陳列した。この商品陳列戦略は、家電の中心がデジタル関連製品に変化すると先読みしていたからである。また、非家電商品群を陳列したのは、デジタル関連製品の顧客には、デジタル関連製品以外にもニーズがあると判断したからであった。この読み通り、売り上げの中心はデジタル関連商品と非家電商品に移っていった（図3参照：ここでは図は省略）。

Y電機は、店舗建設や膨大な製品調達のための資金を、転換社債を使って実質無借金でまかなった（図4参照：ここでは図は省略）。転換社債は、買い主が株に変換できる社債である。Y電機は、転換社債で得た資金で新規大型店を次々に出店した。［②　　　　　　　　　　　　　　　　　　　　］。株価が上がれば投資家は、転換社債を株式に転換して利益を得ようとする。社債の株式転換が進むと負債が資本に入れ替わる。このようなしくみで、Y電機は、実質無借金で出店資金を調達できた。

法則 5

並列する情報は同じ構成、同じ表現で書く

Point

並列した情報は、同じ構成、同じ表現を守ります。このことを、パラレリズムと呼びます。このパラレリズムを、文や語句ではなく、文章や階層、パラグラフで守ります。並列している情報間で抽象度をそろえることや、適切な順番に並べることに配慮しましょう。ただし、情報の重要性に大きな差がある場合は、パラレリズムが崩れても構いません。

原則 並列する情報はパラレリズムを守る

並列する情報は、構成も表現もそろえて書きます（このことをパラレリズムと呼びます）。このパラレリズムを、章や節、パラグラフというレベルで守ります。つまり、並列しているパラグラフなら、ひとつ目のパラグラフを書いた後、残りのパラグラフはひとつ目のパラグラフをコピー&ペーストして、情報だけを差し換えるように書くのです。この考え方は、章や節など、パラグラフより大きな単位でも適用できます。

パラレリズムを守ると、文章は単調になりますが、気にする必要はありません。そろえて書くのですから単調になります。しかし、単調だからこそ、必要な情報だけを読めたり、一読で

理解できたりするのです。ビジネス文章は、文学とは違って、伝達性や論理性が何よりも優先されるのです。

効果 論理性と伝達性がパワーアップ！

並列する情報を、同じ構成、同じ表現で書けば、次の4つの効果が期待できます。
①読み進むべきかを的確に判断できるので、必要な情報だけを読める
②メンタルモデルを作ってから読めるので、一読で理解できる
③情報の漏れを防止できるので、論理的に構成できる
④構成も表現もコピーできるので、速く書ける

◆読み進むべきかを判断できる

パラレリズムを守れば、繰り返されている部分は飛ばせるので、読むべき部分だけを的確に読めます。パラレリズムが守られていると、並列した情報間では、構成も表現もそろっています。その中で、一部分の説明だけが差し換わっているのです。読み手は、そろっている表現、つまり繰り返されている表現はすべて飛ばし、一部分の説明だけを読めばいいのですから、必要な情報だけを効率よく読めます。

◆メンタルモデルを作ってから読める

パラレリズムを守れば、メンタルモデルを作れるので理解しやすくなります。読み手は、パラグラフにしろ、階層にしろ、複数の情報がそろって表記されていると認識すれば、「次も同じ構成、同じ表現で書かれているはずだ」というメンタルモデルを作成します。そこで、パラレリズムが守られていれば、予想通りに文章が展開されるので、高速処理できます。つまり、内容を一読で理解できるのです。

◆情報の漏れを防止できる

パラレリズムを守れば、情報の漏れがなくなるので、文章が論理的になります。並列した情報で構成も表現もそろえるのですから、ある情報を説明するときに述べた内容は、別の情報を説明するときにも必ず述べるようになります。すべての情報について、必要な内容を盛り込めるのですから、文章は論理的になります。並列した情報なのに、個別に文章化すれば、情報の抜けがあっても気付かない可能性があります。

◆構成も表現もコピーできる

パラレリズムを守れば、コピー&ペーストで文章を作成できるので速く書けます。並列した情報で構成も表現もそろえるのですから、あるひとつの情報について説明したら、そのままそ

パラレリズムとは？

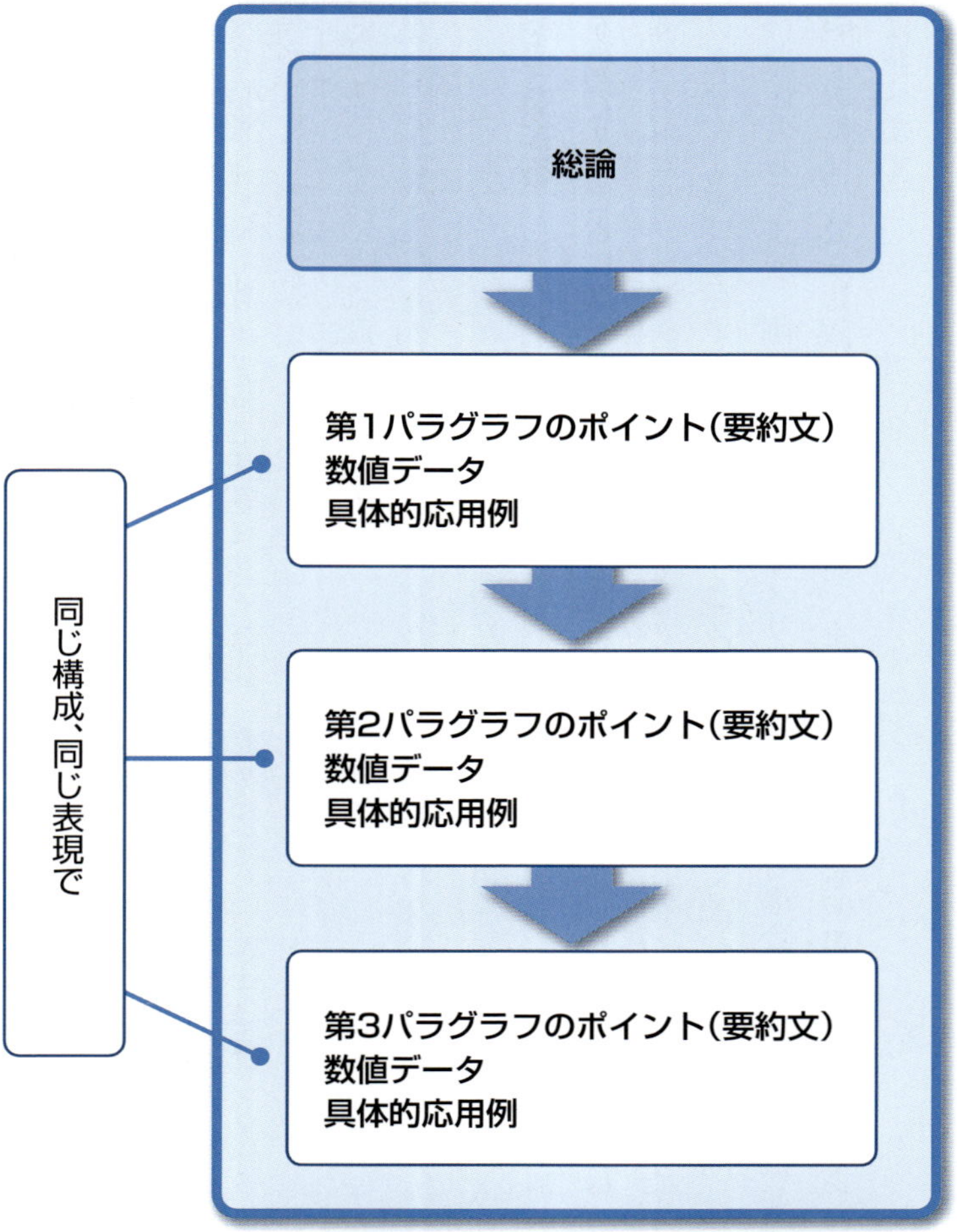

総論
第1パラグラフのポイント（要約文）
数値データ
具体的応用例
第2パラグラフのポイント（要約文）
数値データ
具体的応用例
第3パラグラフのポイント（要約文）
数値データ
具体的応用例
同じ構成、同じ表現で

の説明をコピー&ペーストし、次の情報に合わせて、説明の一部だけを差し換えればいいのです。並列する情報ごとに構成や表現を考えなくて済みますから、それだけ文章が速く書けます。

急所 パラレリズムを守るためには、この3点に注意しよう

並列する情報を、同じ構成、同じ表現で書くには、次の3つに注意します。

①並べる順番を考慮する
②対応する情報間で抽象度をそろえる
③重要性に大きな差があるなら、パラレリズムを崩しても構わない

◆順番を考慮する

情報を並列するときには、必ず意味のある順番に並べましょう。ビジネス文章では、多くの場合、重要な順に並べるか、時間順に並べるかのどちらかです。けっして思いついた順に書いてはいけません。重要な順で書いておけば、読み手が仮に途中で読むのをやめても、最低限のことだけは伝えられます。例えば、提案書でメリットを列挙する場合は、重要な順に並べます。製品説明であれば、最も特徴的なことから並べます。取り扱い説明書の注意書きであれば、危険な順に並べます。

◆抽象度をそろえる

対応する情報は、抽象度をそろえましょう。並列している情報を、同じ構成、同じ表現でそろえるということは、比較対照しているのです。比較対照している情報同士で抽象度がバラバラでは、論理性を下げる原因になります。例えば、情報Aで数値を使って説明したなら、並列する他の情報でも数値を使って説明しましょう。情報Bだけが、「多い」「少ない」という説明になってはいけません。数値を使って説明したなら、数値の桁数もおおむねそろえましょう。

◆重要性に差があるなら、パラレリズムを崩す

並列する情報間で、重要性に大きな差がある場合、パラレリズムを守る必要はありません。重要性に大きな差があるのに、パラレリズムを守ると、重要性の低い情報を、重要性の高い情報と同じ構成、同じ表現で説明することになります。これでは、重要性の低い情報によって、重要性の高い情報がぼけてしまいます。パラレリズムを守るのは、並列する情報の重要性が等しいか、近い場合だけです。

パラレリズムが守られていない例

情報が足りず説得力に欠ける

次の文章（グロービス・マネジメント・スクールのMBA用語集 http://gms.globis.co.jp/dic/index.htmlより抜粋・引用）では、パラレリズムが守られていないので、情報が抜け落ちています。このため、論理性が下がっています。

ポーターの3つの基本戦略とは、競争優位を築く3つの基本戦略（「コスト・リーダーシップ戦略」「差別化戦略」「集中戦略」）のこと。ハーバード大学ビジネス・スクールのM・E・ポーター教授が提唱した。

▼この後は、3つの戦略を詳しく説明すると予想できる。

コスト・リーダーシップ戦略とは、競合他社よりも低いコストを実現することにより、競争優位を確立する戦略。低コストを実現する方法として、例えば製造業の場合、生産量を増やすことで単位当たりの固定費を低減し（規模の経済）、経験による労働力や工程の効率化（経験曲線）を追求することが挙げられる。あるいは、範囲の経済性を追求し、生産技術や原材料を共有できる製品を扱うことも挙げられる。これは例えば、雑誌を刊行する出版社は、書籍も扱いやすいことである。さらに、稼働率を高めることも、コスト・リーダーシップ戦略においては重要である。ひとたび低コストを実現すると、販売価格を下げ高いシェアを目指すこともできれば、他社と同等の価格で販売し高い利益率を確保することもでき、経営に自由度が増すというメリットがある。

▼大まかにまとめると、コスト・リーダーシップ戦略とは、どんな戦略か／どう実現するか／どんなメリットがあるかが述べられている。

差別化戦略とは、自社の製品を差別化し、業界の中でもユニークだと見られる何かを創造することにより競争優位を築く戦略。差別化の源泉としては、ブランド・イメージや独自技術、製品（性能やデザイン）、顧客サービス、販売チャネルなどさまざまなものが挙げられるが、いずれも顧客に価値として認識され、競合が簡単に模倣できないものである必要がある。例えば、スポーツ用品のナイキは品質の高さによって、他社との差別化を実現している。ユニークな価値を提供するために通常よりコストがかかることや、特異性をアピールするゆえに一部の熱狂的なファンは獲得できても、大衆の支持を得られないなどのリスクがある。

▼どんな戦略か／どう実現するかは述べられているが、どんなメリットがあるかが述べられていない。代わりに、どんなデメリットがあるかが述べられている。

集中戦略とは、特定の顧客層（市場セグメント）や特定の地域市場、特定の流通チャネルなどに集中する戦略。集中戦略によりコスト低減を図るか（コスト集中）、差別化を図るか（差別化集中）、あるいは双方を達成する。集中戦略では、特定のターゲットを狙う。ターゲットを絞り込むことで、競合他社より効果的に、かつ効率よく戦うことができるという考え方に基づく。集中戦略のリスクには、ターゲット市場での価格が高くなりすぎて顧客の許容範囲を超えてしまい、集中化によって実現した差別化の価値を維持できなくなることが考えられる。また、戦略的に絞り込んだターゲット市場と全体市場との間で要求される製品のニーズの差が小さくなると、集中の効果が減殺されることがある。さらに、ターゲット市場そのものが縮小・消滅してしまう恐れもある。

▼どんな戦略か／どう実現するか／どんなメリットがあるかが述べられ、さらにどんなデメリットがあるかが述べられている。

▼表現がそろっていないために、3つの戦略の内容を個別に読み取らなければならない。

パラレリズムが守られている例
予想通りで理解しやすい

次の文章では、パラレリズムがよく守られています。したがって、読み手が次に来る情報を予測できるので、一読で理解できます。また、並列している3項目で情報の抜けがありません。

ロジカルシンキングには、代表的な3つの思考法があります。この思考法をマスターしておくと、論理的に思考しやすくなります。

- ゼロベース思考
- フレームワーク思考
- 仮説思考

▼この後は、3つの思考法を詳しく説明すると予想できる。

ゼロベース思考とは、既成概念に縛られることなく、白紙の状態から考えようとする思考法です。既成概念では、環境変化の激しい現代の課題は解決できないことがあります。

そこで、既成概念を取り払い、すべてを白紙の状態で一から思考すると、思考の幅が広がります。この思考法は、新商品を開発するときや、従来のしくみを改革するときに有効とされています。

▼どんな思考法かの概略説明／この思考法を使わないときの問題点／この思考法を使ったときのメリット／この思考法を使う状況の順に説明されている。

フレームワーク思考とは、思いつくままに考えるのではなく、問題点を枠組みに当てはめて考えようとする思考法です。思いつくままに考えていたのでは、検討すべき課題を見落としかねません。そこで、枠組みを使うことで、考え漏れをなくし、整理しやすくすると、問題点を的確に把握できるようになります。この思考法は、問題点を洗い出すときや、最適な解決策を見いだすときに有効とされています。

▼第1の思考法と同じく、どんな思考法かの概略説明／この思考法を使わないときの問題点／この思考法を使ったときのメリット／この思考法を使う状況の順に説明されている。

▼冒頭の要約文が、前のパラグラフの要約文と、構成も表現もそろえてある。並列しているパラグラフの冒頭で、構成も表現もそろえてある文を見れば、読み手は「この文章は、パラグラフという大きな単位で、構成も表現もそろえて書いているのだろう」というメンタルモデルを作る。後半を明確に予測して読めるので、わかりや

すくなる。

仮説思考とは、行き当たりばったりで行動するのではなく、結論に対して仮説を立て、検証し、修正を加えながら結論に向かう思考法です。行き当たりばったりで行動すれば、資源や時間に無駄が出ます。そこで、とりあえずの仮説を立て、検証しながら不十分な点を修正していくことで、より良い策をより早く見いだせるようになります。この思考法は、意思決定にスピードが求められるときに有効とされています。

▼第1、第2の思考法と同じく、どんな思考法かの概略説明／この思考法を使わないときの問題点／この思考法を使ったときのメリット／この思考法を使う状況の順に説明されている。

（注）説明内容だけでなく、使っている表現もそろえてあることに注意しましょう。このような表現の統一が、読み手にパラレリズムになっていることを意識させます。

トレーニング解答

論理構成を表にまとめると次のようになります

業務プロセスの見える化	
課題	業務のスピードアップ
必要策	現在の業務がどのような状況なのかをリアルタイムに把握する仕組み
悪い例	責任者や関係者の不在によって決断のタイミングが遅れる
対応策	業務ワークフローのIT化
できること	時間や場所に縛られずに状況が把握でき、業務全体の見える化も行える
効果	業務全体の効率化
課題の見える化	
課題	経営情報から経営課題を探し出して新戦略を立案する
必要策	情報の加工・分析
悪い例	
対応策	BIツール
できること	データを多面的に分析する
効果	企業の課題と戦略の実行結果をスピーディーに把握
経営の見える化	
課題	迅速な意思決定
必要策	現場の情報を常に把握する
悪い例	必要な情報は様々なシステムに蓄積されており、収集するだけでも多大な時間と労力が必要
対応策	情報のトピックスをひとつの画面にまとめた「ポータル」
できること	必要な情報を取り出して表示し、新着メールやワークフロー、売上分析などの情報も一覧できる
効果	経営の判断スピード向上

この文章は、構成はおおむねそろっていますが、表現がやや不ぞろいです。くどくなるのを嫌ったのかもしれません。しかし、論理的な文章は、くどくても表現をそろえるべきです。表現を変えてしまうと、情報間で対応する内容が見つけにくくなります。

トレーニング 5

次の文章（「経営力を高める3つの見える化」ビズサプリ2011年５月号　ＮＥＣネクサソリューションズ株式会社）では、３つの情報が並列されています。論理構成を表にまとめることで、パラレリズムが正しく守られているかを検証しましょう。

ここでは、見える化を３つに分類して紹介する。

1つ目は「業務プロセスの見える化」だ。経営環境が厳しくなる中、業務のスピードアップは企業にとって欠かせない課題である。そのためには、現在の業務がどのような状況なのかをリアルタイムに把握する仕組みが必要だ。例えば、責任者や関係者の不在によって決断のタイミングが遅れるのは致命的である。そこで役立つのが業務ワークフローのIT化だ。業務プロセスの進捗をITシステムに記録することにより、時間や場所に縛られずに状況が把握でき、業務全体の見える化も行えるようになる。その結果、業務全体の効率化にもつながっていく。

2つ目は「課題の見える化」だ。業務の中では、日々様々な経営情報が扱われており、その中から経営課題を探し出して新戦略を立案するためには、情報の加工・分析が必要となる。そこで活用されるのがBIツールだ。ERPなどの基幹システムとBIツールを連携することで、様々なデータを多面的に分析することができ、企業の課題発見と戦略の実行結果をスピーディーに把握できるようになるだろう。

3つ目は「経営の見える化」だ。経営層が迅速な意思決定を行うためには、現場の情報を常に把握することが重要である。だが、多くの企業では、経営課題の収集や企業戦略を立てる際に必要な情報は様々なシステムに蓄積されており、収集するだけでも多大な時間と労力が必要になる。そこでITツールとして役立つのが、情報のトピックスを1つの画面にまとめた「ポータル」だ。ポータルは各アプリケーションから必要な情報を取り出して表示し、新着メールやワークフロー、売上分析などの情報も一覧することができる。その結果、意思決定のための情報を瞬時に獲得できるようになり、経営の判断スピード向上が可能になる。

Column

抵抗勢力

文章の指導をしていると、よく「なぜ、欧米では常識の書き方が、日本では広まらないのですか？」「なぜ、欧米と同じように論理的な書き方を、学校では指導しないのですか？」という質問を受けます。

その理由は、学校には抵抗勢力がいるからです。

実は、大学での指導者はもちろん、学校教育に携わる指導者のほとんどは、論理的な文章を書けません。なぜなら、論理的な文章の書き方を学んだことがないからです。本書の内容を読めばわかるように、論理的な文章を書けるようになるには、そのための教育が必要なのです。だからこそ、欧米では１年もかけて、論理的な文章の書き方を学習するのです。学校の指導者の中で、論理的な文章を書けるのは、留学先の欧米で学習した人だけです。

論理的な文章が書けない指導者たちの多くは、自分は書けると思い込んでいます。なぜなら、彼らは論文などの論理的な文章を多く書いているからです。たくさん書くと、書けるようになると勘違いしているのです。しかも、指導的な立場にいるため、論理的でない文章を書いても、誰もそれを指摘してはくれません。だから、余計書けると誤解してしまうのです。

こういった指導者たちに、論理的な文章の正しい書き方を示すと、拒否反応を示します。それは当然です。その正しい書き方を認めると、自分が論理的な文章を書いていないことを認めることになるからです。学生を指導する立場にいる以上、自分が文章を書けないことを認めるわけにはいきません。

そこで、こういった指導者たちは、正しい書き方に対する抵抗勢力になります。すでに指導的立場にいる上、書けない人のほうが多いのですからたまりません。正しい書き方を訴えるものは、隅へと追いやられるのです。

こうして、日本では、正しい書き方がいつまでも広がらないのです。

法則 6

ひとつの文には、ひとつのポイントだけを書く

Point

ひとつの文では、ひとつのポイントだけを述べます。そのためには、2つの文を等位接続助詞で接続してはいけません。2つの文の接続関係が弱いなら、文を切ります。接続関係が強いなら、全体の長さに応じて、接続関係を明示しながらつなげたり、文を切った上で接続語句を加えたりします。

原則 **ひとつの文で、複数のポイントを述べるのはタブー**

ひとつの文では、ひとつのポイントだけを述べます。ひとつの文の中に2つ以上のポイントを、並列を表す「〜て、」や「〜り、」「〜し、」「〜が、」などの接続助詞を使って並べてはいけません。

悪い例

当社は、世界最高レベルの高効率を実現するGHモジュールを搭載した「XTシリーズ」を開発し、当社従来製品比で約25％減の15Wという世界最高水準の低消費電力化を実現しました。

良い例1

当社は、世界最高レベルの高効率を実現するGHモジュールを搭載した「XTシリーズ」を開発しました。「XTシリーズ」は、当社従来製品比で約25％減の15Wという世界最高水準の低消費電力化を実現しています。

良い例2

当社は、GHモジュールを搭載した「XTシリーズ」の開発によって、15Wという世界最高水準の低消費電力化を実現しました。

効果 **インパクトが強くわかりやすい文章になる**

ひとつの文にひとつのポイントだけを書けば、次の2つの効果が期待できます。

①文のポイントを強調されるので、重要な情報を記憶できる
②文が短くなるので、一読で理解できる

◆ポイントが強調される

ひとつの文でひとつのポイントだけを書けば、ポイントが強調されるので、重要な情報を強く記憶に残せます。複数の文を、「～て、」や「～り、」などの等位接続助詞を使って羅列してはいけません。等位接続すると、接続された文はすべて等価です。同じ重要性の文がひとつの文に含まれていれば、すべての文がぼけてしまいます。ひとつのポイントだけを見せるから、文のポイントが強調できるのです。

例えば、次の例を比べてみると、良い例ではランニングコストが強調されています。

悪い例 モデルＣＰ９ＤＸは、要求機能を満足し、ランニングコストが最も低く、再生紙を使用しても故障、紙詰まりが起きにくい。

良い例 モデルＣＰ９ＤＸは、要求機能を満足した上で、ランニングコストが最も低いことがわかりました。また、モデルＣＰ９ＤＸは、再生紙を使用しても故障、紙詰まりが起きません。

◆文が短くなる

ひとつの文でひとつのポイントだけを書けば、文が短くなるので、内容を一読で理解できます。文が長いと理解しにくくなるのは、人は短期的には７±２個の情報までしか記憶できない（46ページのコラムを参照）からです。文が長くなると、文中のいくつかの情報が記憶から漏れるので、文全体を理解できなくなるのです。文を短くするために、「ひとつの文は40字ぐらいまで」と指導する場合がありますが、あまり効果的ではありません。なぜなら、人は文字数を数えながら文を書かないからです。むしろ、「ひとつの文には、ひとつのポイントだけを書く」と意識したほうが、文は自然と短くなります。

急所 ひとつのポイントだけを述べるには、この3点に注意しよう

ひとつの文にひとつのポイントだけを書くには、次の3つに注意します。
①接続関係が弱い2つの文は切る
②接続関係が強く、接続しても短い2つの文は、接続関係を明示してつなぐ
③接続関係が強く、接続すると長い2つの文は、接続語句を追加した上で切る

◆接続関係が弱ければ切る

前後の文に強い接続関係がないなら、例外を除いて、前後で文を2つに分けましょう（160ページの「良い例1」を参照）。

接続関係の弱い2つの文を、「〜て、」や「〜り、」「〜し、」「〜が、」のような等位接続助詞（英語のandに相当）で、つないではいけません。 等位接続助詞は、「〜ので」や「〜した結果、」のような意味が強い接続とは異なり、意味が弱いので、つながっていない文と文をつなぐのについ使ってしまいます。しかし、等位接続助詞で文を結べば、ひとつの文で2つ以上のポイントを述べることになります。

特に、「〜が、」という接続助詞はできる限り使用してはいけません。 なぜなら「〜が、」には順接（and）と逆接（but）、両方の意味があるからです。しかも、文の最後まで読まないと、

その「〜が、」が順接か逆接かわかりません。順接の「〜が、」は、文を等位接続することになるので、使わないようにしましょう。逆接の「〜が、」も避けたほうが無難です。できれば文を切って、「しかし、」で接続します。

ただし、ぼけても構わない羅列可能な文は、例外として等位接続して構いません。例えば、次の文では、Plan—Do—Check（PDC）のサイクルを適用していることを示しています。PDCのうち、どれかひとつを強調したいわけではありません。つまり、ぼけても構いません。また、PDCは羅列可能です。羅列可能な情報は、長くても理解できるのです（46ページのコラム参照）。

例外：本手法では、あらかじめ達成すべき目標を設定し、実績を継続的に測定し、達成度合いを最後にチェックする

◆接続関係を明示してつなぐ

前後の文に強い接続関係があって、かつ、全体が短いなら、前後の文を、接続関係を明示してつなぎましょう（次ページの「良い例2」を参照）。

接続関係を明示すると、文の中に主節と従属節が生まれるので、主節つまり重要な情報が強調されます。接続関係を明示するには、等位接続助詞ではなく、接続関係を明示できる接続助詞を使います。例えば、「〜ので」や「〜によって」です。逆に、接続関係のある短い文を切っ

て羅列するとわかりにくく、幼稚な印象を与えます。また、接続関係があるのに、その関係を明示しないと、読み手によっては接続関係を読み間違えるかもしれません。

接続関係を明示しながら接続する最もオーソドックスな方法は、主文の間に従属文を割り込ませることです（先の例を参照）。こうすることで、従属文が文の真ん中で弱まるので、主文が強調されます。主従を入れ替えるのも容易になります。

悪い例
当社は、ＧＨモジュールを搭載した「ＸＴシリーズ」を開発し、15Ｗという世界最高水準の低消費電力化を実現しました。

良い例1
当社は、ＧＨモジュールを搭載した「ＸＴシリーズ」の開発によって、15Ｗという世界最高水準の低消費電力化を実現しました。

良い例2
当社は、15Ｗという世界最高水準の低消費電力化を実現するために、ＧＨモジュールを搭載した「ＸＴシリーズ」を開発しました。

◆接続語句を追加した上で切る

前後の文に強い接続関係があって、かつ、全体が長いなら、前後で文を2つに切った上で、接続語句を付け加えましょう。ここでいう接続語句とは、後ろにどんな内容の文が来るかを予測できる言葉です。例えば、「なぜなら」「したがって」「しかし」「つまり」です。前後で文をつなげると、長くなるのでわかりにくくなります。接続語句を省略すると、予測ができないのでわかりにくくなるだけではなく、最悪の場合、前後で文の接続関係を、読み手が読み間違えます。

ひとつの文で複数のポイントを述べている例

次の文章では、ひとつの文で複数のポイントを述べているため、ポイントがぼけて、理解しにくくなっています。（WEBRONZA　城繁幸「ブラック企業という幻想」http://astand.asahi.com/magazine/wrbusiness/2013073000001.html?ref=webronza）

他に離職率の高さやサービス残業をもってブラックだという声もあるが、そもそも転職の自由は憲法に認められた人権の一つであり、労働者を企業へ縛りつける意味が筆者には全く理解できない。サービス残業は「まったくない会社を探す方が難しい」くらいありふれたもので、時給管理という手法自体が時代に合わなくなっているという別の構造的問題である。

ひとつの文でひとつのポイントを述べている例

次の文章は、先の文章を、ひとつの文でひとつのポイントだけを述べるように書き直したものです。各文のポイントがはっきりしているので、わかりやすくなっています。

他に離職率の高さやサービス残業をもってブラックだという声もあるが、それもあたらない。離職、つまり転職の自由は憲法に認められた人権のひとつである。離職するなという、労働者を企業へ縛りつける意味が筆者にはまったく理解できない。サービス残業は「まったくない会社を探すほうが難しい」くらいありふれたものである。残業に代表される、時給管理という手法自体が時代に合わなくなっているという別の構造的問題である。

ひとつの文ではひとつのポイントのみ

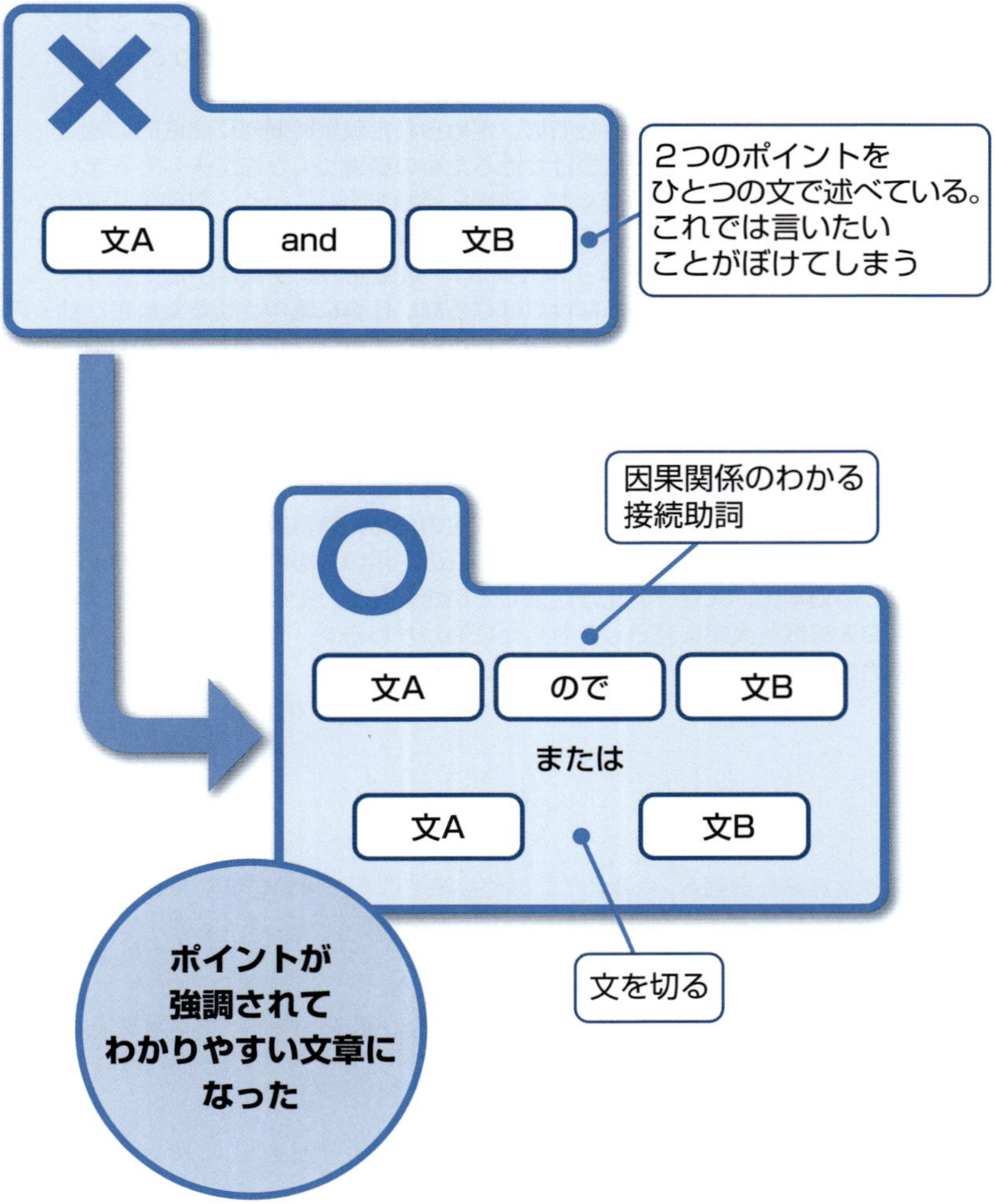

トレーニング解答

トップダウンで「残業ゼロ」を徹底するのと並行して、社員がつねに頭をフル回転し続けることで、その力を駆使する環境を整えました。この施策によって、「残業ゼロ」でも売り上げが伸びるようになったので、「残業ゼロ」が完全実施できたのです。

私が社長を務めた前の会社では、定められた就業時間内に徹底的に社員に「頭を使う」習慣を身につけさせるための環境づくりを工夫してきました。まず、一時間に五〇近くもの議題に結論を出していく、毎朝の「早朝会議」を実施しました。次に、「誰が何をいつまでにやるか」を徹底的に追いかけていく「デッドライン（期限）」最優先の業務管理手法を採り入れました。さらに、今やらなければならない仕事に集中させるために、社内を歩き回ることや電話・打ち合わせを禁止する「がんばるタイム」を導入しました。

こういった施策の結果、わずか数年間で、「残業ゼロ」でも社員の仕事のスピードは驚異的にアップしました。むろん、最初の段階でこそ社員の反発はありました。しかし、徐々に「残業ゼロ」という環境に慣れるにしたがって、まずオフタイムを自分の人生のために有意義に活用しようという意識が芽生え始めました。オフタイムの活用のために、ワーキングタイムでの効率化、スピード化が定着していきました。その結果、本社オフィスの人員数を大幅に減らしたりしたにもかかわらず、売上高を五倍にまで拡大させました。

「様々な施策を展開し、」のように等位接続でつながっている文があったので、文を分けました。また、全体として長い文章なのに、「社員の反発はありましたが、」のように接続関係を持たせてつないでしまっている文もありましたので、文を分けました。

その上で、パラグラフ構成を再構築しました。まず、第１パラグラフを総論に、第２，３パラグラフを各論にと、明確にパラグラフを分けました。さらに、要約文が埋もれていたので、パラグラフの先頭に移動しました。

トレーニング 6

次の文章（吉越浩一郎 「残業ゼロで社員も業績もよみがえった。一石三鳥の効率経営教えます」『日本の論点 2009』文藝春秋）では、複数のトピックが述べられている文があります。また、長いにもかかわらず、接続関係を持たせてつないでしまったために、わかりにくくなっている文もあります。ひとつの文にはひとつのポイントだけを述べるように修正しましょう。さらに、パラグラフを再構築することで、より良い文章に書き直しましょう。

トップダウンで「残業ゼロ」が施行されれば、社員はけっしてワーキングタイムを漫然と過ごすことなく、つねに頭をフル回転し続けて、その力を駆使する覚悟が必要になります。私が社長を務めた前の会社では、時間をかけて残業を完全撤廃するのと並行して、定められた就業時間内に徹底的に社員に「頭を使う」習慣を身につけさせるための環境づくりを工夫してきました。

一時間に五〇近くもの議題に結論を出していく、毎朝の「早朝会議」、そして「誰が何をいつまでにやるか」を徹底的に追いかけていく「デッドライン（期限）」最優先の業務管理手法を採り入れました。また各社員に、いまやらなければならない仕事に集中させるために、社内を歩き回ることや電話・打ち合わせを禁止する「がんばるタイム」導入など、ワーキングタイムに社員の能力をフル稼働させる様々な施策を展開し、その間本社オフィスの人員数を大幅に減らしたりしたにもかかわらず、売上高を五倍にまで拡大させました。

むろん、最初の段階でこそ社員の反発はありましたが、徐々に「残業ゼロ」という環境に慣れるにしたがって、まずオフタイムを自分の人生のために有意義に活用しようという意識が芽生え始め、そのためにワーキングタイムでの効率化、スピード化が定着していきました。わずか数年間で個々の社員の仕事のスピードは驚異的にアップしました。当然のことながら、会社の業績もこれと比例して、右肩上がりを続けたわけです。

Column

文を切るだけなら簡単

文を切ることは、技術的には簡単です。問題なのは、切ろうと思えば切れる文を、無意識に等位接続してしまう癖のほうです。

「この文を切ってください」といえば誰でも切れます。特別な知識もスキルも必要ありません。例えば、161ページで示した悪い例を、良い例に書き直すことに難しさを感じる人はほとんどいないでしょう。

しかし、多くの人は、切ろうと思えば切れる文を、無意識につないでしまう癖があるのです。学生時代に文章指導を受けない日本人は、人によっては何十年もの間、文を無意識につないで文章を書いているのです。実は、筆者もライティングを学習する前には、同様の癖がありました。

何十年にもわたって続けてきた癖は、簡単には直りません。筆者もライティングを学習した結果、文と文を等位接続詞で安易につないではいけないことを知りました。しかし、実際に書いた文章を後から見直すと、等位接続している文が、あちこちに出てくるのです。文と文を等位接続しないことだけを意識すればできますが、文章を書くときは、別のことも意識しなければいけないので、なかなかすべてに意識が回らないのです。

そこで著者は、重要な文章の場合、書き上げた後、ワープロの検索機能で「て、」や「り、」「し、」「が、」を探し出した上で、ひとつひとつチェックしていました。もちろん、すべての「て、」や「り、」「し、」「が、」がダメなのではありません。文と文を等位接続していて、かつ、本書で説明した例外ではないものを見つけ出して修正するのです。面倒ですが、そんなことをやっていました。

そうやって、チェックをしているうちに、やがて逆の癖が身につきます。つまり、「て、」や「り、」「し、」「が、」で文と文を等位接続するのが気持ち悪くなるのです。今では、意識しなくても、文と文を等位接続することになくなりました。

法則 7

無駄なく、簡潔に書く

Point

不要な情報と冗長な表現をカットして簡潔に表現します。不要な情報をカットするには、読み手のニーズと前提知識に配慮しましょう。冗長な表現をカットするには、類語の繰り返しや、文末表現に注意します。

原則　簡潔に表現する

不要な情報と冗長な表現をカットすることで、簡潔に表現します。必要な情報だけで、文章を構成しましょう。述べる必要のない情報は、ひとつの単語でもカットします。表現もシンプルな言い回しを心がけましょう。同じ意味なら、短い表現を選びます。

悪い例

超高齢化社会においては、フルタイムで働くことのできない人も増える。多様な働き方を、法的にも容認することが必要である。そのためには、多様な働き方の間の壁をなくす方向で、労働市場の抜本的な改革（ビッグバン）を推し進めるべきだと考える。

良い例
超高齢化社会では、フルタイムで働けない人も増える。多様な働き方を容認する方向で、労働市場の抜本的な法改革を推し進めるべきだ。

効果 **情報を無駄なく伝達できる**

無駄なく簡潔に書けば、次の2つの効果が期待できます。

①不要な情報が邪魔をしないので、一読で理解できる
②不要な情報が邪魔をしないので、重要な情報を記憶できる

急所 **簡潔に表現するためには、この4点に注意しよう**

無駄なく簡潔に表現するには次の4つに注意します。

①読み手のニーズを意識する
②読み手の前提知識を意識する
③類語の繰り返しを避ける
④文末の冗長表現に気をつける

◆ニーズを意識する

読み手のニーズを意識して、情報の取捨選択をしましょう。ニーズに合わない情報をカット

すれば、複数の文を削除できる場合もあります。例えば、他社のヒット商品の調査をしている場合、製品のネーミングの妙で売れたのでなければ、ネーミングの由来を説明する必要はありません。また、ソリューション提案をしている場合、解決しようとしている問題と関係のないメリットを述べる必要はありません。

◆前提知識を意識する

読み手の前提知識を意識して、情報の取捨選択をしましょう。読み手の知っている情報をカットすれば、複数の文を削除できる場合もあります。

悪い例 今般、全営業スタッフにノートパソコンを貸与することになった。現在、多くの営業スタッフが、外出して営業活動をしている。そこで外出先で使用するのに最適なモデルを選定した。

良い例 今般、全営業スタッフにノートパソコンを貸与することになった。そこで外出先で使用するのに最適なモデルを選定した。

◆類語の繰り返しを避ける

同じ言葉や似た言葉の繰り返しは避けましょう。ひとつの文の中に同じ言葉や似た言葉がある場合は、どちらかが削除できる可能性があります。

悪い例 一番最初に営業をしかけたので受注を受けることができた。

良い例 最初に営業をしかけたので受注できた。

◆文末の冗長表現に気をつける

文末に冗長表現が出やすいので注意しましょう。例えば、「～ことができる」は、「～られる」と表現しましょう。また、「～と思われる」なども、できれば「～である」と言い切りましょう。

悪い例 適切な対処を行うことができるように、調査した結果を報告する。（報告書の書き出し部分）

良い例 適切に対処できるように調査した。

Column

二重否定は避ける

二重否定は、否定の否定なので、肯定文に直せます。二重否定を肯定文に直すには、２通りの方法があります。肯定文に直したほうが簡潔ですし、伝わりやすくなります。

第１の修正方法は、単純に前から肯定文に直します。

悪い例：彼が来ない限り出発しない。

修正例：彼が来たら出発する。

ただし、この修正方法では、厳密には同じ意味になりません。次の例を読めば、単純に前から肯定文に直しただけでは、意味が変わってしまうことに気がつくはずです。

悪い例：資格がなければ、この仕事は任せられない。

修正例：資格があれば、この仕事を任せられる。

そこで、第２の修正方法は、後ろから前に肯定文に直します。これなら、同じ意味になります。

悪い例：資格がなければ、この仕事は任せられない。

修正例：この仕事を任せるには、資格が必要だ。

否定文より、肯定文のほうが簡潔ですし、伝わりやすいです。以上３つの例のいずれも、肯定文のほうが短いです。否定文は、本来言いたいはずの肯定文を暗示しかねないので、わかりにくくもなります。

さらに、否定文は印象が悪くなりかねません。ときとして、特定の個人や組織を非難した印象さえ与えかねません。

悪い例：組織の壁がなくならないから売り上げが伸びない。

修正例：組織の壁を取り払えば、売り上げが伸びる。

悪い例：店内飲食禁止。

修正例：飲食は外でどうぞ。

トレーニング 7

次の文章（日立評論『日本の伝統芸能とCG技術を融合したリアルタイムCGキャラクタアニメーションシステム「サイバー文楽」』Vol79 No7 1997-7）では、冗長な表現が多く使われています。簡潔な表現に直しましょう。

このシステムの特徴は、従来、長時間を要したCGキャラクタアニメーションの作成時間を、大幅に短縮できることである。また、映像制作過程で演出家がCG映像を見ながら人形師と役者に対して直接演技の指導をすることができるため、演出効果の高い映像を作成することができる。

このシステムを用いてこれまで、展示アトラクション映像、選挙報道番組などでのCG映像の作成を行ってきた。展示会での生の公演では、CGキャラクタと実写の人物との映像合成を行って映像の中での掛け合いを演じており、今後はバーチャルスタジオなどで幅広い応用展開が期待できる。

トレーニング解答

このシステムの特徴は、キャラクタアニメーションの作成に要していた膨大な時間を、大幅に短縮できることである。また、映像制作過程で演出家がCG映像を見ながら人形師と役者に直接演技を指導できるため、高い演出効果を期待できる。

このシステムを用いてこれまで、展示アトラクション映像、選挙報道番組などでのCG映像を作成してきた。展示会での公演では、CGキャラクタと実写の人物との映像を合成して掛け合いを演じた。今後はバーチャルスタジオなどで幅広い応用展開が期待できる。

次のポイントに注意しましょう。

- 「～ことができる」「～を行ってきた」のような文末の冗長表現
- 「映像合成を行って映像の中で」のような重ね言葉

総合トレーニング

理論編の総合トレーニングとして、48、50ページの2つの例文を、次の点に注意しながら、もう一度読み比べてみてください。

例文1は、理論編で説明した7つの法則を考慮して書かれている

①文章の冒頭には重要な情報をまとめて書く

②詳細はパラグラフを使って書く

③パラグラフの冒頭には要約文を書く

④文頭にはすでに述べた情報を書く

⑤並列する情報は同じ構成、同じ表現で書く

⑥ひとつの文には、ひとつのポイントだけを書く

⑦無駄なく、簡潔に書く

このため、例文1は「読み手に負担をかけない文章」つまり、

- 読み手になるべく文章を読ませずに、それでいて必要な情報を伝達でき、
- 内容を一読で理解してもらえ、
- 重要な情報を記憶に残させる文章

になっている

いかがでしたでしょうか。理論編の7つの法則を理解した上で読み比べると、読み手に負担をかける文章と負担をかけない文章との違いがよくわかるでしょう。では、この7つの法則をふまえて、次の実践編では、実務の文章を作成してみることにしましょう。

ビジネス文章の典型的な型と、文章作成の手順を覚えておくと、効果的な文章を短時間で作成する手助けとなります。

実践編では、この文章の型と作成手順、それに理論編で学んだ7つの法則をもとに文章の作成に挑戦します。このトレーニングを通じて、実践力を養いましょう。

実践編

パターンと手順を覚えて、実務の文章作りにトライしよう

1 ビジネス文章は、この型を覚えよう
2 ビジネス文章は、この手順で書き上げよう
3 提案書を作ってみよう
4 調査報告書を作ってみよう
5 技術報告書を作ってみよう
6 回答書を作ってみよう
7 作業指示書を作ってみよう

実践 1

ビジネス文章は、この型を覚えよう

Point

ビジネス文章は、「総論」「各論」「結論」の3部で構成します。それぞれに何を書くか、典型的な型を覚えておくと、効果的な文章を短時間で作成する手助けになります。

◆総論は目的と要約でまとめる

総論では目的と要約を述べます。長い文章では、それぞれにひとつのパラグラフを割り当てます。短い文章では、目的と要約の一部を省略して、合わせてひとつのパラグラフにまとめます。

目的のパラグラフでは、主に次のポイントを、ひとつの項目につきひとつの文で述べます。

- 現状または背景　(報告書を書くきっかけとなった事実)
- 現状の問題点または報告書の必要性　(提案書やトラブル解析なら問題点、それ以外なら必要性)
- 目的　(報告書を通じて書き手がやろうとしている仕事)

要約のパラグラフでは、主に次のポイントを、ひとつの項目につきひとつの文で述べます。

- まとめの文　（結論の文や総括の文）
- 重要な情報1　（調査結果など）
- 重要な情報2　（調査結果など）
- 重要な情報3　（調査結果など）

長い文章では、この目的と要約の2つのパラグラフを、合わせて7文前後にまとめます。総論が7文前後にまとまっていれば、おおむね30秒で大事なポイントが伝えられます（「管理職には30秒で情報を伝達できるように書く」24ページ参照）。2つのパラグラフとも、右に示したひとつの項目につき、ひとつの文が目安です。ただし、述べるまでもない当たり前の内容なら省略します。重要な情報は、3つの文を目安としましょう。数多く述べると記憶できないばかりか重要な情報がぼけかねません。

短い文章の場合、目的と要約の2つのパラグラフから情報を絞り込んでひとつのパラグラフにします。短い文章とは、例えば電子メールやA4用紙1枚のレポートなどです。このような文章の場合、総論は2~3文でまとめます。例えば、背景と結論、目的と結論、結論と重要な情報のエッセンスです。

◆各論は総論を詳しく展開する

各論は、総論で述べた重要な情報を、ひとつずつパラグラフで説明します。ただし、重要性の低い情報は、各論でだけ説明します。

各論では、総論の目的や要約のパラグラフで述べた情報を、その順に、パラグラフを使って詳しく説明していきます。 つまり、各論の最初は、総論の目的のパラグラフで述べた「現状または背景」「現状の問題点または報告書の必要性」について詳しく説明します。ただし、総論以上に詳しく説明する必要がないのであれば、各論での説明を省略しても構いません。次に、総論の要約のパラグラフで述べた「重要な情報」を総論の順番にしたがって説明します。ただし、総論の要約のパラグラフで述べた「まとめの文」は、各論のパラグラフでは説明しません。なぜなら、「まとめの文」を詳しく説明しているのが、まさに各論全体のはずだからです。

各論では、総論で述べたひとつの情報をひとつのパラグラフで説明していきます。 例えば、総論の要約のパラグラフで述べた「重要な情報1」は総論ではひとつの文で述べられているはずですが、この情報を各論ではひとつのパラグラフで説明します。特に「重要な情報1～3」は、必ず各論でパラグラフを使って説明します。総論で述べた重要な情報が、各論で詳細に説明されないことはほぼありません。詳細に説明する必要がないなら、そもそも重要な情報とはいえません。ただし、長い文章の場合、総論で述べたひとつの情報を、複数のパラグラフで構成されるひとつの階層で説明することもあります。

各論では、総論で述べたことを詳しく説明する他に、総論で述べなかったことを説明しても構いません。 ただし、総論で述べていない以上、その内容は重要度の低いものでしょう。読み

ビジネス文章の型

総論

まず **目的** を述べる
背景／問題点・必要性／目的

全体を **要約** する
まとめの文／情報①、②、③

各論

重要な情報① について
●要約文（情報①の要点）
●詳細説明……

重要な情報② について
●要約文（情報②の要点）
●詳細説明……

重要な情報③ について
●要約文（情報③の要点）
●詳細説明……

結論

まとめ
総論で述べた要約を抜粋

飛ばされても、問題のないような情報に限られます。例えば、仕様一覧などです。

◆結論は総論を繰り返す

結論は、総論で述べたポイントを、簡単に繰り返します。内容的には総論と同じなので、短い文章の場合は、省略して構いません。結論では、総論や各論で述べたことしか述べてはいけません。結論でだけ、何か特別なことを述べてはいけません。重要な情報は、総論も結論も同じはずです。総論と結論で情報が食い違うはずはありません。

ビジネスレポートの典型例を見てみよう

次の文章は、先にご紹介した型通りに書かれています。ひとつずつポイントを確認してみましょう。

「ニトリ」急成長の要因を分析する

《序》

経済が低成長を続ける中、家具インテリア販売店の「ニトリ」が急成長している。そこで、中期経営計画策定の基礎資料とするために、「ニトリ」急成長の要因を分析した。

▼ここは総論の目的のパラグラフ。「『ニトリ』が急成長している」という現状、「中期経営計画策定の基礎資料とする」という必要性、「『ニトリ』成長の要因を分析した」という目的が簡潔に述べられている。

《概要》

「ニトリ」急成長の要因は、「ニトリ」の憲法である（1）安さ、（2）適正な品質・機能、（3）トータルコーディネーションの追求といえる。「ニトリ」は、安さと適正な品質・機能を実現するために、自社で企画から原材料の調達、製造・物流、販売まで手がけている。また、トータルコーディネーションのために、一軒の家すべてに応えられる商品構成をした上で、カラーバリエーションを豊富にそろえている。さらに、「ニトリ」は、自社の憲法（志向）に共感を持つニューファミリーを視野において、郊外のロードサイドにチェーン展開した。

▼ここは総論の要約のパラグラフ。「急成長の要因は、「ニトリ」の憲法の追求」というまとめの文、「安さと適正な品質・機能を実現」「トータルコーディネーション」「郊外のロードサイドにチェーン展開」という重要な情報が3つ、簡潔に述べられている。

《「ニトリ」の急成長》

「ニトリ」は、2014年2月期、国内312店舗を展開し、売上高約3500億5300万円で、家具専門店業界トップの座に就いている。「ニトリ」は、28期連続増収増益で、業界第2位の大塚家具の売上高約700億円を大きく引き離している（図1参照：ここでは省略）。1999年2月期には、売上高は約405億円、店舗数が41店舗にすぎなかったことを考えると、この15年の急成長には目を見張るものがある。

▼ここは各論の第1パラグラフ。総論の目的のパラグラフで述べた「『ニトリ』が急成長している」という現状を、ひとつのパラグラフを使って、より詳しく説明している。

《安さと適正な品質・機能》

「ニトリ」は、自社で企画から調達、製造、物流、販売まで手がけることで、安さと適正な品質・機能を実現している。「ニトリ」は、小売業と思われがちだが、実は企画から製造、販売まですべてを手がける垂直統合型企業である。実際、「ニトリ」の商品は70％が自社開発である。すべての工程を自社でまかなうため、無駄な中間マージンが発生しない分、安く販売できる。また、自社が企画、製造するため、顧客のニーズにマッチした製品が開発できる。例えば、電子レンジのユーザーの多くは、電子レンジを食品の温めにしか使わない。そこで「ニトリ」は、温めることにだけ特化した電子レンジを安く製造販売している。

▼ここは各論の第2パラグラフ。総論の要約のパラグラフで述べた「安さと適正な品質・機能を実現」という重要な情報を、ひとつのパラグラフを使って、より詳しく説明している。

《トータルコーディネーション》

「ニトリ」は、一軒の家すべてをトータルコーディネートするという思想に基づいて商品を開発している。「ニトリ」は、ソファやカーテン、インテリア、食器など、必要なものすべて、統一したデザインで提供している。さらに、カラーコーディネートにも気を使うことで、売り場がモデルルームと化している。カラーコーディネートは、ローズ、ブルーなど基本21色の中から好きな色で統一できる。

▼ここは各論の第3パラグラフ。総論の要約のパラグラフで述べた「トータルコーディネーション」という重要な情報を、ひとつのパラグラフを使って、より詳しく説明している。

《ロードサイドのチェーン展開》

「ニトリ」は、安さと適正な品質・機能とトータルコーディネーションを好むニューファミリーをターゲットに、あえて郊外のロードサイドに出店している。比較的低所得のニューファミリーをターゲットに置くなら、郊外のロードサイドが最適である。業界第2位の大塚家具が大都市の都心、準都心に旗艦店を出店するのとは対照的だ。「ニトリ」の出店目標は、商圏人口30万人に1店である。国民の8割を占める中間層が来店しやすい立地に出店したのも成功の要因といえる。

▼ここは各論の第4パラグラフ。総論の要約のパラグラフで述べた「郊外のロードサイドにチェーン展開」という重要な情報を、ひとつのパラグラフを使って、より詳しく説明している。

《まとめ》

このように、「ニトリ」は、安さと適正な品質・機能を実現するために、垂直統合型ビジネス戦略を採用した。また、トータルコーディネーションを提案し、郊外のロードサイドにチェーン展開した。この3つの戦略で急成長したと考えられる。

▼ここは結論のパラグラフ。総論の要約のパラグラフで述べた内容を簡潔に繰り返している。

実践 2

ビジネス文章は、この手順で書き上げよう

Point

文章を実際に書くにあたっては、理論編で説明した7つの法則を、その順番で考慮しながら書き進めます。これにより、効果的な文章を短時間で作成できます。

◆ビジネス文章作成の11の手順

理論編で学んだ7つの法則の順序は、そのまま文章を作成する手順です。ただし、各論を正しく反映した総論は、各論をほぼ書き上げて初めて書けます。また、パラレリズムの適用は、文章構成を検討している段階で決めなければなりません。そこで、最終的な文章作成の手順は次のようになります。

1．総論を書く
2．文章全体の構成をパラグラフ単位で検討する
3．パラレリズムできるパラグラフがないか検討する

4. 各パラグラフの要約文を作成する
5. 各パラグラフを要約文に基づいて展開する
6. 総論を見直す
7. 情報が既知から未知へと流れているか確認する
8. パラレリズムが守られているか確認する
9. ひとつの文でひとつのポイントだけを述べているか確認する
10. 無駄なく簡潔な表現になっているか確認する
11. 時間をあけて見直しする

総論を書く

文章全体の総論を、ひとつまたは2つのパラグラフ（「ビジネス文章は、この型を覚えよう」180ページ参照）で書きます。ここでの目的は、その文章で述べたいことを明確にすることです。総論が正しく各論を反映しているかは、ある程度、各論を書き進んだ段階で見直します。したがって、この段階で完成度の高い総論を書く必要はありません。

［ポイント］

①各論と内容も説明順も一致させる

文書作成の手順

1. 総論を書く
2. 文章全体の構成をパラグラフ単位で検討する
3. パラレリズムできるパラグラフがないか検討する
4. 各パラグラフの要約文を作成する
5. 各パラグラフを要約文に基づいて展開する
6. 総論を見直す
7. 情報が既知から未知へと流れているか確認する
8. パラレリズムが守られているか確認する
9. ひとつの文でひとつのポイントだけを述べているか確認する
10. 無駄なく簡潔な表現になっているか確認する
11. 時間をあけて見直しする

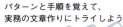

②具体的に書く
③簡潔に書く
④結論と内容を一致させる
⑤パッと見て概略がつかめるなら総論は書かない

文章全体の構成をパラグラフ単位で検討する

総論にしたがって、文章全体の構成をパラグラフで検討します。ここでの目的は、大きな単位で文章構成を考えることにあります。最終的なパラグラフ分けは、各論の展開の段階で多少変更することもあります。

［ポイント］
①ひとつのトピックをひとつのパラグラフに分類する
②パラグラフ間を縦と横で接続する
③パラグラフ内を詳しく具体的に展開する

パラレリズムできるパラグラフがないか検討する

文章全体の構成を考えている段階で、パラレリズムを使って書ける部分の当たりをつけてお

きます。ここでは、実際にパラレリズムを使って文章を書くわけではありません。各論を書く前に、パラレリズムを使って書くことを決めておけば、「文章が速く書ける」というパラレリズムの長所を享受できます。

各パラグラフの要約文を作成する

おおよその構成が決まったら、パラグラフの要約文を作成します。最初に総論を書いたのと同様に、まず要約文を書いたほうが、そのパラグラフの目的が明確になります。それだけ、パラグラフの焦点がぼけにくくなります。

［ポイント］

①前のパラグラフの要約文とつながるように書く
②ひとつのトピックだけをひとつの文で書く
③具体的に書く
④簡潔に書く
⑤文頭にキーワードを書く

各パラグラフを要約文に基づいて展開する

要約文に基づいて各論を展開します。 いざ、詳細を書き始めると、概要を考えていたときとは違う考えが浮かぶことがよくあります。そのような場合は、パラグラフ構成を変えたり、要約文を変更したりすることも必要です。しかし、ここでのパラグラフ構成変更は、最初はひとつのパラグラフだったものを、2つに分ける（あるいはその逆）程度の小幅修正です。パラグラフ構成が大幅に変わるようでは、最初の検討が不十分だったといえます。

先にパラレリズムを使って書くと決めていたパラグラフについては、最初のパラグラフを特に慎重に書きます。 なぜなら、後に並列されるパラグラフは、このパラグラフと同じ構成になるからです。このパラグラフが不十分なら、並列するすべてのパラグラフが不十分となってしまいます。

総論を見直す

ここまで来れば、文章の大筋が固まりますので、総論が正しく各論を反映しているか確認します。 各論の要約文を集めて、総論と内容的に一致しているかを確認します。各論にあって総論にない情報がある場合は、その情報は読み飛ばされてもよいような重要性の低いものでなければなりません。総論が各論を正しく反映していないようなら、正しい総論になるよう推敲します。

［ポイント］
①各論と内容も説明順も一致させる
②具体的に書く
③簡潔に書く
④結論と内容を一致させる
⑤パッと見て概略がつかめるなら総論は書かない

情報が既知から未知へと流れているか確認する

すべての文で、既知から未知への流れを守っているか確認します。特に気をつけたいのが、要約文だけで既知から未知に流れるかです。前後の文は近いから目が届きますが、要約文同士は離れていて忘れやすいので気をつけましょう。

［ポイント］
①要約文だけで既知から未知に流れるように配慮する
②若干くどくても既知の情報を意識して文頭に書く
③能動態か受動態かは意識しない

▶パラレリズムが守られているか確認する

先にパラレリズムを使って書くと決めたパラグラフが、正しくパラレリズムを守っているか確認します。また、その他のパラグラフでも、並列している文や語句が、パラレリズムを守っているか、あるいは、パラレリズムにできないか検討します。

［ポイント］

①並べる順番を考慮する
②対応する情報間で抽象度をそろえる
③重要性に大きな差があるなら、パラレリズムを崩しても構わない

▶ひとつの文でひとつのポイントだけを述べているか確認する

ひとつの文でひとつのことを述べているか、つまり、文と文を並列していないか確認します。ワードなどワープロソフトを使って文章を書いている場合は、「り、」を検索してみるのもひとつの確認手段です。

［ポイント］

①接続関係が弱い２つの文は切る
②接続関係が強く、接続しても短い２つの文は、接続関係を明示してつなぐ
③接続関係が強く、接続すると長い２つの文は、接続語句を追加した上で切る

無駄なく簡潔な表現になっているか確認する

不要な情報や冗長な表現のない簡潔な表現になっているか確認します。冗長な表現は癖になっている場合も多いので注意が必要です。特に文末表現には気をつけましょう。

［ポイント］
①読み手のニーズを意識する
②読み手の前提知識を意識する
③類語の繰り返しを避ける
④文末の冗長表現に気をつける

時間をあけて見直しする

できるだけ時間をあけてから見直します。書き上げた後すぐに見直しても、書き手には書いていないことまで頭の中にあるために、読み手と同じ目で文章を読めません（「文章の冒頭に

は重要な情報をまとめて書く」の「メンタルモデルを作ってから読める」62ページ参照）。その結果、なかなか問題点が見つかりません。時間をあければあけるほど、書き手だけが持っている情報が頭から抜けます。できれば3日くらいはあけたいところです。

実践 3

提案書を作ってみよう

設定と課題

英語を社内公用語とするよう提案せよ

あなたは、日本を代表する国際的な家電メーカーの人事部に勤めています。企業がグローバル化を目指す中で、社内の公用語を英語に改める企業が出てきています。そこで、左の資料から、自社でも英語を公用語にすべきであるという趣旨の社内提案書を作成してください。

【作成上の注意】

- 考慮してほしいのは、いかに効果的なコミュニケーションをするかです。内容の妥当性ではありません。
- 必要な情報が欠けている場合は、創作したり、調査して追加したりして構いません。
- 資料の日本語がライティング的に正しいという保証はありません。

この資料をもとに提案書を作ってみよう

あなたの勤める会社は、国際的に有名で、これまで多くの世界的なヒット商品を生んできた。しかし、ここ10年ほどは、アメリカのアップルや韓国のサムソンに後れを取り、業績もジリ貧傾向である。

日本のマーケットは縮小傾向にある。ビジネス規模を維持するには、新興国でのビジネス展開がキーとなる認識で、役員は一致している。先の中期計画では、5年以内にグループ売り上げの7割を海外で、さらにその7割を新興国で上げると発表した。

インターネットモール日本最大手の楽天と、ユニクロを展開するファーストリテイリングは、社内公用語を英語にする方針を打ち出した。楽天は、将来的に海外比率を7割に引き上げたいと目標を置いている。ファーストリテイリングは、海外の売上比率を今後5年で10%から50%に上げる予定だ。シャープも研究開発部門で英語を公用語化することを決定。パナソニックは、来年度の新卒採用の8割近くを外国人とすると発表した。日本企業にとって国際的コミュニケーション能力の必要性は高まりつつある。

海外現地法人では、現地の人材を雇うことになる。英語で仕事ができない環境では、欧米メーカー、さらには韓国メーカーにすら後れを取る。韓国企業や台湾企業は、次々に優秀な外国社員を採用し、本社でも英語で仕事ができる環境を整えている。

欧米相手のこれまでは、英語のできる日本人を現地法人に送ればよかった。しかし、新興国なら、日本人を現地に送るより、コストの低い、現地の文化をよく知る現地の人材を雇うほうが効率的だ。そのためには言語環境が英語であることは重要だ。実際、アジアの優秀な人材の多くが、アメリカ・シンガポール・香港に集まってきている。

海外現地法人の問題だけではなく、日本法人でも、優秀な人材は世界中から採用したい。日本人だけでは世界では勝てない。国籍を超えて優秀な人材を集めれば、日本はもちろん、世界でも生き残りやすい。これまでのように、日本人だけで、日本をターゲットにビジネスしていた時代とは違う。

海外の人材だけでなく、日本人社員も優秀な人材を採用できる。英語の社内公用語化は、英語を真剣に勉強した学生ならチャンスと受け止める。求める能力をはっきり打ち出せば、求める人材のみを集めて選考できる。無条件に門戸を広げては、優秀な人材を見落としかねない。

企業がグローバル化すれば、社内でも世界中の人材と競争することになる。真に優秀な人材がリーダーとして育っていく。そもそも、本気で勉強してTOEICが600点も取れないようであれば、優秀な人材とは言い難い。実際、楽天の役員は、公用語を英語にしてから、全員がTOEICで800点を超えた。

英語を学ぶには、英語のニュースを聞いたり、英語の本や新聞を読んだりするようになる。その結果、国際的な考え方や行動が身についていく。

重要な書類を、まず日本語で書き、それから英語に訳していたのでは時間の無駄だ。会議の席に、いちいち通訳を入れるわけにもいかない。グローバル企業なら、事実上の世界共通語で一本化したほうが合理的だ。

これまで、国内市場でそれなりに成功してきた。国際化と言葉でいっても、多くの社員には実感できないし、積極的に考えようともしない。それでは、中期計画の実現はおぼつかない。社員が変わらなければ、このままジリ貧だ。英語の公用語化は、一種のカンフル剤になる。

英語を公用語にしたのでは、国内での業務効率が下がるという意見がある。確かに、社員全員が、すべての状況で、英語で会話し、英語で文章を書くなら効率は下がる。まずは、役員以上の会議、役員が読む文書、外国人を含む会議、外国人が読むことがわかっている文書から始めればよい。

解答例

英語公用語化の提案書

《序》

企業がグローバル化を目指す中で、社内の公用語を英語に改める企業が出てきています。当社でも、グローバルビジネス、特に新興国でのビジネスを効果的に進めるために、英語を公用語にすることを提案します。

▼ここは総論の目的のパラグラフ。現状、必要性、目的を述べている。現状や必要性について、さらに詳しく説明する必要があるなら、各論で詳しく説明する。

《結論》

社内の公用語を英語にすることは、下記の3点から、当社の国内外の競争力向上に資すると考えます。

- 国内外で優秀な外国人を採用できる
- 国内でも優秀な日本人を採用できる
- 国内での国際化を加速できる

社内公用語を英語にすることによる、国内での業務効率の低下は、ごく一部に限定されると判断します。

▼ここは総論の要約のパラグラフ。結論、支持1、支持2、支持3、デメリットに対する反論を述べている。支持1、支持2、支持3は重要な順に並んでいる。各論では支持1、支持2、支持3、デメリットに対する反論をこの順に詳しく説明することになる。

《背景》

当社は今後、海外、特に新興国でのビジネスを積極的に展開する方針です。中期計画では、5年以内にグループ売り上げの7割を海外で、さらにその7割を新興国で上げる予定です（添付資料参照：ここでは省略）。この方針は、国内マーケットが縮小する中、国内の景気回復を待つのではなく、海外にターゲットを置くという経営判断です。

▼ここからが各論。総論の目的のパラグラフで述べた背景のうち、「グローバル化を目指す中」について詳しく説明している。パラグラフの先頭が要約文になっていることに注意。

《他社の動向》

海外ビジネスを積極的に展開しようとしている企業の中には、公用語を英語に改める動きが出ています。楽天とファーストリテイリングは、社内公用語を英語にする方針を打ち出しました。楽天は、将来的に海外比率を7割に引き上げたいと目標を置いています。ファーストリテイリングは、海外の売上比率を今後5年で10%から50%に上げる予定です。さらに、シャープも研究開発部門で英語を公用語化することを決定しました。

▼ここも、総論の目的のパラグラフで述べた背景のうち、「社内の公用語を英語に改める企業が出てきている」を詳細に説明している。パラグラフの先頭が要約文になっていることに注意。

《優秀な外国人を採用》

社内公用語を英語にすることで、国内外で優秀な外国人を採用できます。ビジネスがグローバル化すれば、国内外で、国籍を問わず人材を採用することになります。特に、新興国の海外現地法人では、コストが低く、現地の文化をよく理解している現地の人材を雇うことになります。英語を公用語にすれば、外国人が実力を発揮しやすくなります。英語で仕事ができない環境では、英語で仕事ができる環境を整えている韓国企業や台湾企業に後れを取りかねません。

▼ここは、総論の要約のパラグラフで述べた支持1「国内外で優秀な外国人を採用できる」について詳しく説明している。パラグラフの先頭が要約文になっていることに注意。

《優秀な日本人を採用》

また、社内公用語を英語にすることで、国内でも優秀な日本人を採用できます。当社の方向性を考慮すれば、将来のリーダーに英語力は必須です。英語を公用語にすれば、英語を真剣に勉強してこなかった人材を自動的に選別できます。最初から必要な能力を明示しているので、当社の方向性を十分に理解した者だけから効果的に選考できます。これまでと同じ採用なら、あまりに多くの者が選考試験に集まるので、優秀な人材が、そうでない人材によって埋没しかねません。

▼ここは、総論の要約のパラグラフで述べた支持2「国内でも優秀な日本人を採用できる」について詳しく説明している。パラグラフの先頭が要約文になっていること、前のパラグラフとパラレリズムになっていることに注意。

《国際化を加速》

さらに、社内公用語を英語にすることで、国内での国際化を加速できます。「国際化」とトップが謳っても、国内市場でそれなりに成功してきた多くの社員には実感できません。そればかりか、積極的に考えようともしません。英語を公用語にすれば、英語のニュースを聞いたり、英語の本や新聞を読んだりするようになるので、国際的な考え方や行動が身につきやすくなります。このままでは、グローバル化は〝絵に描いた餅〟になりかねません。

▼ここは、総論の要約のパラグラフで述べた支持3「国内での国際化を加速できる」について詳しく説明している。パラグラフの先頭が要約文になっていること、前のパラグラフとパラレリズムになっていることに注意。

《業務効率の低下への懸念》

社内公用語を英語にすることによる、国内での業務効率の低下は、ごくわずかなので問題はないと判断します。確かに社員全員が、すべての状況で、英語で会話し、英語で文章を書くなら効率は下がります。しかし、当初は、社内公用語が英語であるということを、正式な場や外国人を含む場では英語を使うこととすればいいでしょう。例えば、役員会議、役員が読む文書、外国人を含む会議、外国人が読むことがわかっている文書などです。これならば、影響は極めて小さいです。その後、状況に応じて広げていけばいいでしょう。

▼ここは、総論の要約のパラグラフで述べたデメリットに対する反論「国内での業務効率の低下は、ごく一部に限定される」について詳しく説明している。パラグラフの先頭が要約文になっていることに注意。

《まとめ》

以上のように、国内外で優秀な人材が採用できることと、当社がいっそう国際化できることから、英語を公用語にすることを提案します。

▼まとめでは、総論で述べたことを簡単に繰り返す。総論で述べなかったことを述べてはならない。

▼提案書では、背景（現状の問題点）、提案内容、メリット（複数）、デメリットへの反論という論理展開は定番。定番の論理展開は覚えておくと効果的である。

▼各論は、パラグラフの要約文だけで、ロジックがわかるようにまとめる。

実践 4

調査報告書を作ってみよう

設定と課題

「スマートグリッド」とは何かを説明せよ

あなたは、電力系の環境ビジネスに従事しています。再生可能エネルギーへの期待が高まる中、新たな電力供給法としてスマートグリッドが注目を集めています。自社においても、スマートグリッド関係のビジネスが、今後重みを増すと思われます。しかし、一般社員の中には、スマートグリッドをよく理解していない者も多くいるようです。そこで、上司からスマートグリッドとはどういうものかについて簡単にまとめてほしいと依頼されました。次の情報を参考に、スマートグリッドとは何かを説明する報告書を作成してください。

【作成上の注意】

- 考慮してほしいのは、いかに効果的なコミュニケーションをするかです。内容の妥当性ではありません。

●必要な情報が欠けている場合は、創作したり、調査して追加したりして構いません。
●資料の日本語がライティング的に正しいという保証はありません。

この資料をもとに調査報告書を作ってみよう

2012年7月1日に再生可能エネルギーの固定価格買取制度がスタートした。再生可能エネルギー源（太陽光、風力、水力、地熱、バイオマス）を用いて発電された電気を、国が定める固定価格で一定の期間電気事業者に調達を義務づける制度である。背景には、地球の温暖化を進める二酸化炭素の排出を抑制しようという狙いがある。これを受けて、家庭での太陽光発電システムが普及しつつある。あるいは、ビジネスとして、太陽光発電や風力発電に取り組む企業も増え始めた。

一方で、二酸化炭素の排出が少ない燃料電池を使った家庭での発電も普及しつつある。家庭での燃料電池の活用は、ガスから取り出した水素と空気中の酸素を化学反応させて発電し、しかも、このとき発生する熱でお湯も作る。ガスという化石燃料を使うものの、高いエネルギー効率で、従来のエネルギーシステムに比べて発生する二酸化炭素を抑制できる。

こういった家庭やビルで発電したエネルギー源を「分散型電源」と呼ぶ。一方、従来のような大規模システムを使ったエネルギー源を「集中型電源」と呼ぶ。二酸化炭素の排出抑制を考慮すると、今後は「分散型電源」が比率を高めていくと予想される。「集中型電源」は、電力会社から消費者へ提供する一方通行だけだが、「分散型電源」は、発電より消費が多ければ、「集中型電源」から電気の供給を受けるが、消費より発電が多ければ、電力会社に売電することになる。つまり、電力の流れが双方向になる。

しかし、太陽光発電は、晴れた日中には多く発電するが、天気が悪い日には発電量が減る。まして、夜間には発電できない。風力発電も、発電量は天候次第といえる。燃料電池を使った発電も、各家庭任せなので発電量が読めない。今後、電気自動車が普及した場合、家庭での充電タイミングも読めない。これでは、電力会社は需要と供給のバランスが取れない。

電力の需要と供給のバランスが崩れると、最悪、大規模停電になりかねない。それでは困るので、万が一のときに備えて「集中型電源」を予備として用意する。しかし、それでは大規模システムの稼働率が落ちる。

家庭やビルの発電と電力消費をリアルタイムで把握できれば、電力の需要と供給のバランスが取りやすくなる。無駄な「集中型電源」を持たなくてもよい。そこで考え出されたのが、スマートグリッドと呼ばれるシステムである。電気の送配電網と情報通信網を融合させようという考え方である。

このスマートグリッドに積極的なのはアメリカだ。アメリカでは大規模停電がよく起こる。というのも、アメリカは電力会社の規模が小さく、最大のエクセロンでも、売り上げは東京電力の1／3にすぎない。小規模な電力会社が多数存在している上、旧式の送配電システムを使っているために需要と供給のバランスが崩れやすい。2003年には、アメリカ北東部と中西部の一部、および、カナダのオンタリオ州にまたがる広範囲で、29時間もの大停電を引き起こしている。カリフォルニア州では、2006年に162分もの停電が発生した。

スマートグリッドでは、電力をリアルタイムで計測できるメーターを設置する。これを、スマートメーターと呼ぶ。このスマートメーターには、自動検針や遠隔制御などの機能を持たせ、家庭やビルに設置する。このスマートメーターを介して「集中型電源」と「分散型電源」、家庭やビルに置かれた蓄電池や電気自動車などを、送配電網と情報通信網で結んで、電力の需要と供給のバランスを取る。例えば、太陽光発電という「分散型電源」が普及すると、夜間の電力供給が減る。一方で、電気自動車が普及して夜間に充電する人が増えれば、夜間の電力需要が増える。そこで、電気自動車の充電がいっせいに起こらないように、順を追って充電するようスマートメーターで制御することも可能だ。

アメリカ・コロラド州のボールダーで、2008年から110億円を投じてスマートグリッドの大規模な実証実験を行っている。この他、フロリダやシカゴでも実証実験が行われている。ヨーロッパでも実証実験が進み、イタリアやスウェーデンでは、スマートメーターの設置が始まっている。日本でも、東京電力が14年度からスマートメーターの設置を本格的に開始。18年度までに1700万台、23年度までに2700万台の設置を完了する計画を立てた。

スマートグリッド実現には、情報通信網の敷設、送配電網の整備、スマートメーターの開発、電力制御用ソフトウェアの開発から、さらには電気自動車の開発、太陽光発電・風力発電設備の建設など多くの関連事業がある。富士経済社では、2012年3月に出された「世界のスマートグリッドの実態と関連市場を調査」というレポートで、世界のスマートグリッドの市場調査を行った際、その市場規模を、2020年予測で3兆8000億円と予測している。日本は、アメリカに比べて送電網の技術水準が高く、太陽光パネルや蓄電池などの開発でも進んでいる。そこで、関連技術の開発では日本企業が優位といわれている。

アメリカではアメリカ国立標準技術研究所や国際電気標準会議が、スマートグリッドの標準化を進めている。日本では経済産業省が、「次世代エネルギー・社会システム協議会」を2009年11月に立ち上げた。ここでは、関連技術や国際標準化について議論している。関連技術の規格標準化は、スマートグリッドの課題といえる。世界標準から外れれば、たとえ優れた技術であっても世界市場での普及は難しい。

また、スマートグリッドが普及すれば、「分散型電源」が普及することになる。二酸化炭素の排出抑制という点からは望ましいが、逆にいえば、電力会社の収益が減ることになる。

二酸化炭素の排出の少ないクリーンなエネルギーを中心に安定した電力を提供できるしくみを作った会社が、収益の減少で倒産したのでは洒落にならない。そのため、電力会社の収益減をどう助成するかも課題といえる。
課題はあるものの、スマートグリッドは再生可能エネルギーの普及だけではなく、経済効果も高いことから、大きな期待を集めている。

解答例

「スマートグリッド」調査報告書

《序》

再生可能エネルギーへの期待が高まる中、当社においても、スマートグリッド関係のビジネスが、今後重みを増すと思われます。しかし、一般社員の中には、スマートグリッドをよく理解していない者も多くいます。そこで、一般社員にも周知してもらうために、スマートグリッドとはどういうものかについてまとめました。

▼ここは総論の目的のパラグラフ。現状、問題点、目的を述べている。現状や問題点について、さらに詳しく説明する必要があるなら、各論で詳しく説明する。

《概要》

スマートグリッドは、電気の送配電網と情報通信網を融合させた送配電システムです。今後、再生可能エネルギーを中心とした発電が、家庭やビルなどで進むと、電力の需要と供給の予測が難しくなるので、社会コストが増大します。そこで、スマートグリッドでは、電気の送配電網と情報通信網を融合させることで、電力の需要とバランスを図ろうとしています。このスマートグリッドの市場は、２０２０年で３兆８０００億円と大きく成長すると予測されています。スマートグリッドの課題として、国際標準作りと、電力会社への補償が挙げられています。

▼ここは総論の要約のパラグラフ。総括の文を述べた後、スマートグリッドについて知っておくべき重要な情報が説明されている。この重要な情報を、各論で詳しく説明する。

《現状》

太陽光や風力などの再生可能エネルギーによる発電が、家庭やビルで進みつつあります。再生可能エネルギーとは、自然界によって利用する以上の速度で補充されるエネルギーです。再生可能エネルギーなら、地球の温暖化を進める二酸化炭素の排出を抑制できます。原子力とは異なり安全です。再生可能エネルギーによる発電を後押ししているのが、２０１２

年7月1日にスタートした再生可能エネルギーの固定価格買取制度です。再生可能エネルギー源を用いて発電された電気を、国が定める固定価格で一定の期間、電気事業者に調達が義務づけられます。そこで、家庭での太陽光発電システムの普及が加速しています。あるいは、ビジネスとして、太陽光発電や風力発電に取り組む企業も増え始めた。

▼ここからが各論。総論の目的のパラグラフで述べた背景のうち、「再生可能エネルギーへの期待が高まる」について詳しく説明している。パラグラフの先頭が要約文になっていることに注意。

再生可能エネルギーではありませんが、二酸化炭素の排出抑制のために、燃料電池を使った発電も家庭やビルで普及しつつあります。燃料電池では、都市ガスから取り出した水素と空気中の酸素を化学反応させて発電します。このとき発生する熱でお湯も作ります。ガスという化石燃料を使うものの、高いエネルギー効率で、従来のエネルギーシステムに比べて発生する二酸化炭素を抑制できます。

▼ここも背景の説明。総論の目的のパラグラフでは述べなかったことを追加説明している。総論で述べていないのは、重要性が低いから。重要性の低い情報は、各論でだけ説明することがある。パラグラフの先頭が要約文になっていることに注意。

《問題》

このような家庭やビルといった小規模なエネルギー源（分散型電源）が普及すると、電気の需要と供給を予測しづらくなります。従来の大規模システムによる原子力や火力発電（集中型電源）は、電力会社が供給を制御できたので、消費者の電力消費という需要だけを予測すれば、需要と供給のバランスが取れました。しかし、再生可能エネルギーは、気象状況などによって発電量が変化します。さらに、各家庭で発電しているのであれば、トータルとしてどのくらいの発電がなされ、どのくらいの電気が余るのか、あるいは足りないのかを予測するのは困難です。

▼ここは総論の要約のパラグラフで述べた「電力の需要と供給の予測が難しくなる」について詳しく説明している。パラグラフの先頭が要約文になっていることに注意。

電気の需要と供給を予測できないと、無駄な設備投資の原因や再生可能エネルギー普及の足かせとなります。分散型電源の不足分は電力会社の集中型電源が供給することになります。電気の需要が予測できなくても、電力会社としては、大規模な停電だけは絶対に避けなければなりません。そこで、電力会社は、どうしても万一に備えた過剰な集中型電源を抱えがちになります。この過剰設備保有の傾向は、供給が不安定な再生可能エネルギーによる発電が増えるほど高まります。過剰設備は、社会コストの一因となります。また、再生可能エネルギーによる発電が進まない原因にもなりかねません。

▼ここは総論の要約のパラグラフで述べた「社会コストが増大する」について詳しく説明している。パラグラフの先頭が要約文になっていることに注意。

《スマートグリッドのしくみ》

そこで、スマートグリッドでは、送配電網と情報通信網を融合させた送配電システムで、電力の需要と供給のバランスを図ろうとしているのです。スマートグリッドでは、各家庭やビルに、スマートメーターと呼ばれる測定と制御を兼ねた機器を設置することで、発電量と電力消費量をリアルタイムで把握します。このスマートメーターを介して分散型電源と集中型電源、さらには家庭やビルに置かれた蓄電池や電気自動車などを、送配電網と情報通信網で結んで、電力の需要と供給のバランスを図るのです。例えば、太陽光発電という分散型電源が普及すると、夜間の電力供給が減ります。一方で、電気自動車が普及して夜間に充電する人が増えれば、夜間の電力需要が今よりずっと増えます。そこで、電気自動車の充電がいっせいに起こらないように、順を追って充電するようにスマートメーターで制御することも可能です。

▼ここは総論の要約のパラグラフで述べた「スマートグリッドでは、電気の送配電網と情報通信網を融合させることで、電力の需要とバランスを図ろうとしている」について詳しく説明している。パラグラフの先頭が要約文になっていることに注意。

《スマートグリッドの市場》

スマートグリッドの関連市場は、2020年で3兆8000億円と予測（富士経済社「世界のスマートグリッドの実態と関連市場を調査」2012年3月）されています。これほどの大きな市場になると予測されるのは、スマートグリッド実現には、情報通信網の敷設、送配電網の整備、スマートメーターの開発、電力制御用ソフトウェアの開発などが必要だからです。さらに、スマートグリッドによって、再生可能エネルギー普及に拍車がかかれば、電気自動車の開発、太陽光発電・風力発電設備の建設などの関連事業も発展するからです。

▼ここは総論の要約のパラグラフで述べた「スマートグリッドの市場は、2020年で3兆8000億円と大きく成長すると予測されている」について詳しく説明している。パラグラフの先頭が要約文になっていることに注意。

《スマートグリッドの課題》

スマートグリッドの課題として、国際規格作りが挙げられています。すでに、欧米では実証実験が進み、アメリカではアメリカ国立標準技術研究所や国際電気標準会議が、スマートグリッドの標準化を進めています。日本でも、遅ればせながら、経済産業省が「次世代エネルギー・社会システム協議会」を2009年11月に立ち上げて、関連技術や国際標準化について議論しています。標準化に乗り遅れれば、日本が太陽光パネルや蓄電池などの開発で有利にいても、そのアドバンテージを生かしきれないことになります。

▼ここは総論の要約のパラグラフで述べた「国際標準作り」について詳しく説明している。パラグラフの先頭が要約文になっていることに注意。

また、スマートグリッドのもうひとつの課題として、分散型電源が普及した場合、電力会社の収益をどう補償するかも検討されています。分散型電源が進めば、集中型電源の発電量が減ります。その結果、電力会社の収入が減ることになります。スマートグリッドによって、二酸化炭素の排出の少ない安全な発電が普及し、しかも社会コストが下がることは望ましいことです。しかし、それによって電力会社の収益が悪化するようなら、電力会社がスマートグリッドを積極的に推進するはずもありません。そこで、電力会社には何らかの補償をするか、スマートグリッドが収益に貢献するしくみを考えることが検討されています。

▼ここは総論の要約のパラグラフで述べた「電力会社への補償」について詳しく説明している。パラグラフの先頭が要約文になっていることに注意。

▼調査報告書では、現状、問題、解決策、効果、課題という論理展開は定番。定番の論理展開は覚えておくと効果的である。

▼各論は、パラグラフの要約文だけで、ロジックがわかるようにまとめる。

▼《現状》や《問題》は、複数のパラグラフで構成されているので階層とみなせるが、総論は置かなかった。パラグラフが2つぐらいしかない階層には、総論を置かなくても概略がつかめる。

実践 5

技術報告書を作ってみよう

設定と課題

電子書籍と紙の書籍とで可読性を比較した結果を報告せよ

あなたは家電メーカーで、タブレット端末の開発に従事しています。タブレット端末の普及に伴い、電子書籍が徐々に普及してきました。自社では、電子書籍がどこまで普及するのかについて測りかねています。そこで、タブレット端末の開発方針策定の資料となるよう、電子書籍と紙の書籍で可読性の調査をしてみました。次の資料を参考に、調査結果を伝える技術報告書を作成してください。

【作成上の注意】

- 考慮してほしいのは、いかに効果的なコミュニケーションをするかです。内容の妥当性ではありません。
- 必要な情報が欠けている場合は、創作したり、調査して追加したりして構いません。

●資料の日本語がライティング的に正しいという保証はありません。

この資料をもとに技術報告書を作ってみよう

電子書籍は紙の書籍を凌駕できるのか、あるいはすでに凌駕しているのか。今後、紙の書籍はなくなってしまうのか。電子書籍の現状と今後の方向性を探る調査をした。

読み比べたのは、小説、ビジネス書、社内文書の3種類。このうち、小説とビジネス書はリフロー型、つまり文字の大きさを自由に変えられる（1ページに表示する文字数を変えられる）形式を採用。一方、社内文書は図も多いので、フィックス型、つまり紙の書籍を画像化した形式を採用した。

3種類の同じ文章を、4種類の媒体（後述）で読んでもらうが、読む順番が調査結果に影響しないよう、被験者ごとに順番がランダムになるように配慮した。また、媒体操作に対する習熟度も影響しないよう、事前に十分な操作準備時間を設けた。

メガネなどの視力補正は、日常使っているものを使用した。逆に、老眼が進行していても、日常的に老眼鏡を使わずに文章を読んでいる場合は、実験においても老眼鏡を使わないで読んでもらった。

調査は、紙、パソコン（ディスプレイは20インチ）、10インチのタブレット端末、６インチの電子書籍リーダーで実施した。

被験者は、20歳代から60歳代までをほぼ均等に１００人。

まず、読む速度を比較した。約４０００字の内容を読み終える時間を測定した。その結果を、図1（本書では省略）に示す。

小説とビジネス書においては、４種類の媒体のどれで読んでも、読む速度に大きな差はなかった。しかし、社内文書の場合、電子書籍リーダーで大幅に速度が低下した。これは、画面が6インチと小さく、リフロー型の小説とビジネス書は、文字を大きくして読めばよいが、フィックス型の社内文書は、部分拡大をしながら読んだためである。

次に、文書から答えを探す速度を比べた。８０００文字程度の文章を対象に、文章を読む前に、その内容に関する5つの質問を示し、その質問に対する回答をすべて見つけ出すまでの時間を測定した。その結果を、図2（本書では省略）に示す。

その結果、紙、パソコン、タブレット端末、電子書籍リーダーの順に、答えが早く見つかった。紙の場合、ページをパラパラめくりやすいので答えも早く見つかった。パソコンは、ディスプレイが大きいので、十分な大きさのまま見開き表示できるので探しやすかったようだ。これに対して、タブレット端末は十分な文字の大きさを確保しようとすれば、紙の文書の1ページ相当しか表示できないし、電子書籍リーダーはさらに表示量が少ないために遅くなった。

最後に、読書の疲労度を比べた。約８０００字の内容を読んでもらった後、フリッカーテストと呼ばれる目のテストで疲労度を測定した。

その結果、小説とビジネス書については、電子書籍リーダーが最も疲れず、続いてタブレット端末、パソコンと紙がほぼ同じだった。老眼の進んだ被験者ほど、文字の拡大できる媒体で読んだ場合、疲労度が少なかった。また、電子書籍リーダーは、ディスプレイが液晶ではなく、イーインクという目に優しい電子ペーパが使われていることも疲れにくくした。

なお、社内文書は、紙が最も疲れにくく、パソコンとタブレット端末がほぼ同等で、電子書籍リーダーが最も疲れるという結果だった。フィックス型の社内文書は、電子書籍リーダーだと、部分拡大をしながら読まなければならないので、疲労度が増すのは当然である。

解答例

「電子書籍と紙の書籍による可読性比較」技術報告書

《序》

近年、タブレット端末を使った電子書籍が徐々に普及してきた。しかし、電子書籍がどこまで普及するのか、紙の書籍を凌駕するのかについては、当社内においても測りかねている。そこで、タブレット端末の開発方針策定の資料となるよう、電子書籍と紙の書籍で可読性を調査した。

▼ここは総論の目的のパラグラフ。現状、必要性、目的を述べている。現状や必要性について、さらに詳しく説明する必要があるなら、各論で詳しく説明する。

《概要》

調査の結果、読書に限定した場合、電子書籍リーダーが有利である一方、文献調査に限定した場合、紙が有利であることがわかった。調査は、紙、パソコン、タブレット端末、電子書籍リーダーを媒体として、小説、ビジネス書、社内文書の3種類の文章で、読書速度、疲労度、検索速度で実施した。

読書速度：小説とビジネス書では4媒体でほぼ同じだが、社内文書は電子書籍リーダー

で大幅に低下

疲労度：小説とビジネス書では電子書籍リーダーが最も疲れにくく、社内文書では紙が最も疲れにくい

検索速度：紙が最も速い

▼ここは総論の要約のパラグラフ。結論、調査方法、調査結果1、調査結果2、調査結果3を述べている。調査結果1、調査結果2、調査結果3は意味のある順に並べる。各論では調査方法、調査結果1、調査結果2、調査結果3を、この順に詳しく説明することになる。

《共通の調査方法》

読書速度、疲労度、検索速度を調査するにあたり、次の条件はすべての調査で共通とした。

使用媒体：20インチディスプレイのパソコン、10インチディスプレイのタブレット端末、6インチディスプレイの電子書籍リーダー、紙

使用文書：小説（*リフロー型）、ビジネス書（リフロー型）、社内文書（**フィックス型）

被験者：20歳代から60歳代までをほぼ均等に100人

読書順：読む順番が調査結果に影響しないよう、被験者間で3種類の文章と4種類の媒体の順番がランダムになるよう配慮

視力補正：日常使っているものを使用（老眼が進行していても、日常的に老眼鏡を使わずに読書している場合は、実験においても老眼鏡を使用せず）

*リフロー型：文字の大きさを自由に変えられる形式（1ページに表示する文字数を変えられる）

**フィックス型：紙の書籍を画像化した形式（ページの部分拡大は可能）

▼ここからが各論。総論の要約のパラグラフで述べた調査方法について詳しく説明している。パラグラフの先頭が要約文になっていることに注意。

《読書速度の調査結果》

小説とビジネス書では4媒体で読書速度はほぼ同じだが、社内文書では電子書籍リーダーで大幅に読書が低下した。

調査方法：約4000字の内容を読み終わるまでの時間を測定

調査結果：図1参照（ここでは省略）

補　足：社内文書において電子書籍リーダーで大幅に読書速度が低下したのは、部分拡大しながら読んだためである。電子書籍リーダーは、画面が6インチと小さいので、フィックス型の社内文書を読むためには部分拡大せざるを得ない。一方、リフロー型の小説とビジネス書は、文字を大きくして読むだけなので、電子書籍リーダーでも読書速度が低下しない。

▼ここは総論の要約のパラグラフで述べた調査結果1について詳しく説明している。パラグラフの先頭が要約文になっていることに注意。

《疲労度の調査結果》

小説とビジネス書では電子書籍リーダーが最も疲れにくく、残りの3媒体はほぼ同じである一方、社内文書では紙が最も疲れにくかった。

調査方法：約８０００字の内容を読書後、フリッカーテストと呼ばれる目のテストで疲労度を測定

調査結果：図２参照（ここでは省略）

補　足：小説とビジネス書で電子書籍リーダーが最も疲れにくいのは、老眼の進んだ被験者ほど、文字の拡大ができる媒体で読んだ場合、疲労度が少ないからである。また、電子書籍リーダーは、ディスプレイが液晶ではなく、イーインクという目に優しい電子ペーパが使われていることも影響したと考えられる。一方、フィックス型の社内文書は、電子書籍リーダーだと、部分拡大をしながら読まねばならないので、疲労度が増すのは当然である。

▼ここは総論の要約のパラグラフで述べた調査結果2について詳しく説明している。

パラグラフの先頭が要約文になっていること、調査結果の3つのパラグラフがパラレリズムになっていることに注意。

《検索速度の調査結果》

検索速度は、紙、パソコン、タブレット端末、電子書籍リーダーの順に速くなった。

調査方法：8000文字程度の内容に対して、読書前に示した5つの質問に対する回答をすべて見つけ出すまでの時間を測定

調査結果：図3参照（ここでは省略）

補　足：紙の場合、ページをパラパラとめくりやすいので答えも早く見つかった。パソコンは、十分な大きさのまま見開き2ページを表示できるので探しやすかった。これに対して、タブレット端末は十分な文字の大きさを確保しようとすれば、紙の文書の1ページ相当しか画面に表示できない。また、電子書籍リーダーはさらに表示量が少なくなる。このため、紙の文書と電子書籍リーダーでは検索が遅くなった。

▼ここは総論の要約のパラグラフで述べた調査結果3について詳しく説明している。パラグラフの先頭が要約文になっていること、調査結果の3つのパラグラフがパラレリズムになっていることに注意。

《考察》

調査結果を考慮すると、読書に限定した場合、電子書籍リーダーが有利であるが、文献調査に限定した場合、紙が有利であるといえる。単に読むだけの読書であれば、対象は小説やビジネス書になる。小説やビジネス書を、最も速く読め、かつ、疲れにくい媒体として考えるなら、電子書籍リーダーは、読書に最適である。一方で、必要な情報を探し出すために読むのは、社内文書のようなビジネスレポートになる。この場合は、多くのページを短時間で鳥瞰できる紙が最適である。

▼「考察」のパラグラフでは、結果から結論を導く説明をする。ここでは、調査結果1～3で、なぜ「読書に限定した場合、電子書籍リーダーが有利である一方、文献調査に限定した場合、紙が有利である」という結論を導いたかを説明している。パラグラフの先頭が要約文になっていることに注意。

実践 6

回答書を作ってみよう

設定と課題

回答書を作成せよ

あなたはある家電販売会社に勤めています。先日、お客様から暖房器具に関する問い合わせを電子メールで受けました。そのお客様は木造住宅にお住まいで、安全性と簡便性から、電気ヒーター以外の電気を使った暖房機器を購入しようとしています。そこで、エアコンとセラミックヒーター、オイルヒーターのどれを買うのがいいかを問い合わせてきたのです。そこで、次の資料を参考に、この問い合わせに回答する電子メールの文章を作成してください。

【作成上の注意】

- 考慮してほしいのは、いかに効果的なコミュニケーションをするかです。内容の妥当性ではありません。
- 必要な情報が欠けている場合は、創作したり、調査して追加したりして構いません。

●資料の日本語がライティング的に正しいという保証はありません。

この資料をもとに回答書を作ってみよう

エアコンは、室外の熱をヒートポンプユニットと呼ばれる装置で集めて、その熱を室内の空気に渡して部屋を暖めます。セラミックヒーターやオイルヒーターが、電熱器を使って電気を熱に変えるのに対して、エアコンは、熱を集めて運ぶために、省エネ性に優れています。

セラミックヒーターは、特殊加工したセラミックとアルミフィンを一体化させた構造を持ち、アルミに電圧をかけるとセラミックが発熱するので、そこに風を通して温風を出すしくみです。

オイルヒーターは、密閉された難燃性の油を、電熱器で暖めて金属製のフィンから放熱し、対流や輻射熱によって部屋を暖めます。エアコンやセラミックヒーターが空気を暖めるのとは違い、床も壁も天井も、人間もゆっくり暖めます。

エアコンとセラミックヒーターは、スイッチを入れるとすぐに温風が出ます。しかし、オイルヒーターは、オイルを暖め、その熱を使って部屋全体を暖めるため、暖かさを感じるには、一時間程度待たなければなりません。一方で、エアコンとセラミックヒーターは、温風を出す以上、音が出ます。特にエアコンは、送風だけではなく、ヒートポンプの作動音もします。しかし、オイルヒーターは、モーターがないので、ほぼ無音です。

エアコンとセラミックヒーターは、温風で暖める関係上、部屋の中に温度差が生まれやすいです。特に、セラミックヒーターはエアコンより小型な機種が多いので、持ち運んで部分的に暖めるのには適していますが、部屋全体を暖めるのには適していません。一方、オイルヒーターは、部屋全体を暖めるのには適しています。

エアコンは、熱効率に優れているので、8畳以上の大きな部屋でも無理なく暖められます。一方、セラミックヒーターやオイルヒーターで、大きな部屋を暖めようとすれば、相当な電気代を覚悟しなければなりません。マンションのような鉄筋コンクリート製で窓も少ない気密性の高い部屋や、寝室のように窓が雨戸やカーテンで保護され、出入りの少ない部屋であれば、まだ可能です。しかし、木造住宅のリビングなどは非現実的といえるでしょう。

エアコンは、ヒートポンプのおかげでエネルギー効率は高いのですが、同時に湿度が室外に排出されてしまいます。そのため乾燥しやすいです。しかし、セラミックヒーターやオイルヒーターでは、湿度に変化はありません。エアコンは、湿度が下がるので、加湿器との併用が推奨されています。しかし、加湿器を使うと、窓や押し入れに結露が生じ、放っておくとカビが生じます。こまめな掃除と日中の換気が必要になります。逆に、加湿器を使えば、設定温度が低くても暖かく感じられるというメリットもあります。そこで、セラミックヒーターでは、加湿機能が付加されている機種もあります。

電気代を比較した場合、熱を生むのに電熱器を使うセラミックヒーターやオイルヒーターは、消費電力に対する発熱量が同じなので、電気代もほぼ一緒です。しかし、エアコンは、ヒートポンプという異なる原理を使いますので、電気代が違ってきます。左記は、木造8畳間を8時間、20度に暖めた場合の電気代比較です。ただし、電気代は電力会社や時間帯により異なりますし、消費電力は外気温によっても異なりますので、あくまで参考と考えてください。

エアコン：120円
セラミックヒーター：220円
オイルヒーター：250円

解答例

問い合わせに対する回答書

お問い合わせありがとうございました。エアコンは、リビングなど広い部屋を長時間暖めるのに適しています。一方、セラミックヒーターは、お着替えのときの一時的な暖房や勉強部屋での足元の暖房に適しています。オイルヒーターは寝室に最適です。

▼ここは総論のパラグラフ。比較的簡易な文章なので、総論を目的と要約でパラグラフを分けずに、ひとつのパラグラフで短くまとめている。ここで述べた内容を、各論で詳しく説明する。

《基本原理》

エアコン、セラミックヒーター、オイルヒーターは、それぞれ異なる原理でお部屋を暖めます。

エアコン：　ヒートポンプユニットと呼ばれる装置で集めた室外の熱を、室内の空気に渡すことで部屋を暖めます。電熱器を使わずに、熱を集めて運ぶため、エネルギー効率が高くなります。

セラミックヒーター：内部のアルミフィンに電圧をかけるとアルミフィンと一体化した

セラミックが発熱するので、そこに風を通して温風で部屋を暖めます。原理が簡単なので、小型で軽量です。

オイルヒーター：密閉された難燃性のオイルを電熱器で暖めて、金属製のフィンから放熱し、対流や輻射熱によって部屋を暖めます。空気を暖めるのとは違い、床も壁も天井も人間も、すべてをゆっくり暖めます。

▼ここからが各論。まずは基本原理を詳しく説明している。基本原理を最初に説明するのは、重要な順というより、論理的な接続順。基本原理を理解しておかないと、他の説明がわかりにくいので、先に説明する。パラグラフの先頭が要約文になっていること、3機種の説明がパラレリズムになっていることに注意。

《暖まり方》

エアコンとオイルヒーターは部屋全体を、セラミックヒーターは一部分を暖めるのに適しています。

エアコン：エネルギー効率が高いので、部屋全体を暖めるには適しています。しかし、温風で暖める関係上、部屋の中に温度差が生じやすくなります。

セラミックヒーター：小型なので、部屋全体を暖めるには適していません。部屋の中の温度差も生じやすくなります。

オイルヒーター：部屋全体をまんべんなく暖めるには適しています。しかし、エネルギー効率が低いので、鉄筋コンクリート製で窓も少ない気密性の高い部屋や、寝室のように窓が雨戸やカーテンで保護され、出入りの少ない部屋に限ります。

▼ここからは、各性能を詳しく説明している。各性能は、重要な順に並べる。パラグラフの先頭が要約文になっていることに注意。また、3機種（エアコンとセラミックヒーター、オイルヒーター）の説明がパラレリズムになっていること、性能説明の各パラグラフ（暖まり方、温まるまでの時間、電気代、騒音、温度変化）もパラレリズムになっていることにも注意。

《暖まるまでの時間》

エアコンとセラミックヒーターはスイッチを入れると、比較的すぐに温風が出ます。

エアコン：温風が出るまでは30秒以内です。

セラミックヒーター：温風が出るまでは10秒以内です。

オイルヒーター：オイルを暖めて、対流や輻射熱によって暖めるために、暖かさを感じるには1時間程度かかります。

▼パラグラフの先頭が要約文になっていることに注意、また、3機種の説明間でパラレリズムになっていること、性能説明の各パラグラフ間でもパラレリズムになっていることに注意。

《電気代》

エアコンなら、セラミックヒーターやオイルヒーターの半額程度の電気代で済みます。電気代を比較すると、木造8畳間を8時間、20度に暖めた場合、次のようになります。ただし、電気代は電力会社や時間帯により異なりますし、消費電力は外気温によっても異なりますので、あくまで参考と考えてください。

エアコン：　　　　１２０円
セラミックヒーター：２２０円
オイルヒーター：　２５０円

▼パラグラフの先頭が要約文になっていることに注意。また、3機種の説明間でパラレリズムになっていること、性能説明の各パラグラフ間でもパラレリズムになっていることに注意。

《騒音》

オイルヒーターがほぼ無音なのに対し、エアコンとセラミックヒーターは送風音がします。

エアコン：　送風音だけでなくヒートポンプの動作音がします。

セラミックヒーター：送風音がします。

オイルヒーター：　電熱器の発熱音やオイルの過熱音だけですから、ほぼ無音です。

▼パラグラフの先頭が要約文になっていることに注意。また、3機種の説明間でパラレリズムになっていること、性能説明の各パラグラフ間でもパラレリズムになっていることに注意。

《湿度の変化》

エアコンは、湿度を下げてしまうので、加湿器との併用される方が多くなります。

エアコン：　ヒートポンプが、熱と一緒に湿度も運んでしまうので、部屋が乾燥します。加湿器との併用が一般的です。

セラミックヒーター：湿度に変化はありませんが、多くの機種で加湿機能が付加されています。

オイルヒーター：　湿度に変化はありません。

▼パラグラフの先頭が要約文になっていることに注意、また、3機種の説明間でパラレリズムになっていること、性能説明の各パラグラフ間でもパラレリズムになっていることに注意。

《まとめ》

エアコンは、広い部屋を経済的に暖められるので、リビングなどに向いています。一方、セラミックヒーターは、一部分をすぐに暖められますから、お着替えのときの一時的な暖房や勉強部屋での足元の暖房に適しています。オイルヒーターは、音が静かですし、暖まるのに時間がかかることや、昼では電気代がかさむことから、寝室に最適です。

▼ここは、「まとめ」とあるが、正確には、「考察」と「結論」の内容になっている。つまり、各性能比較から、3機種がそれぞれ、どのような用途に向いているかを導き出している。「まとめ」という見出しを使ったのは、この文章が顧客に対する回答なので、「考察」「結論」という難しい言葉を避けたため。しかし、役割としては重要な情報をまとめるのだから、総論から逸脱するようなことは述べられない。そこで、総論で述べた内容を中心に、各性能比較を少し付け足す程度でまとめている。

実践 7

作業指示書を作ってみよう

設定と課題

PowerPointの発表者ツールを設定する作業指示書を作成せよ

あなたはビジネスの関係上、マイクロソフト社のプレゼンテーションソフトウェアPowerPoint を使ったプレゼンテーションを実演する機会が多くあります。このPowerPointには、発表者ツールという便利な機能があるのですが、社内のほとんどの者がその存在も設定の仕方も知りません。そこで、社内向けに発表者ツールを紹介し、その設定方法を文章で通知しようと思います。次の資料をもとに、PowerPointの発表者ツールを設定する作業指示書を作成してください。ただし、社内には、Windows搭載のパソコンしかないものとします。

【作成上の注意】

- 考慮してほしいのは、いかに効果的なコミュニケーションをするかです。内容の妥当性ではありません。

●必要な情報が欠けている場合は、創作したり、調査して追加したりして構いません。
●作業指示書では作業方法を図解するべきですが、ここでは図はすべて省略と考えてください。
●資料の日本語がライティング的に正しいという保証はありません。

この資料をもとに作業指示書を作ってみよう

皆さんは、PowerPointを使ったプレゼンテーションをするとき、「次に表示されるスライドが前もって見えたらいいなあ」とか、「スライドショーを表示しながら、元のファイルを修正できないかなあ」と思ったことはないでしょうか。あるいは、英語のプレゼンテーションで、「英語は苦手だから、原稿を手元のパソコンに表示できたらいいなあ」と思ったことはないでしょうか。実は、そういった機能がPowerPointにはすでにあるのです。それが、発表者ツールです。

発表者ツールを使うと、聴衆がスクリーンで見ているスライドショーとは別に、手元のパソコン画面に発表者専用の画面を表示できます。この画面では、PowerPointのスライドのノートに書いたメモや、次にクリックしたときのスクリーン表示、スライドの一覧などが確認できるので、スムーズにプレゼンテーションを進められます。

この発表者ツールを使うにあたっては、聴衆が見る別のディスプレイを、パソコンに接続しなければなりません。一般的なプレゼンテーションの場合、ノートパソコンにプロジェクタを接続することになります。

次に、プロジェクタに電源を入れ、パソコンの画面を表示できるように設定します。設定方法はプロジェクタごとに異なるので、プロジェクタの説明書をお読みください。なお、最近のプロジェクタには、自動認識機能がついているので、接続して電源を入れれば、自動的にパソコン画面がプロジェクタで表示されます。

この段階では何も設定していないので、プロジェクタはパソコンと同じ画面を表示しているはずです。

以下、Windows8とOffice2014を使って説明します。別バージョンのWindowsやOfficeをお使いの場合も、おおむね同じと考えてください。

デスクトップ上で、右クリックし、表示されたメニューから「グラフィックス・オプション」→「出力先」→「拡張デスクトップ」→「内蔵ディスプレイ+モニター」を選択します。

すると、パソコンのデスクトップに似た画面がプロジェクタに表示されます。しかし、その画面には、アイコンもなければ、タスクバーもありません。ただ壁紙だけが表示されています。これが拡張デスクトップと呼ばれる画面です。この画面は、パソコンの画面とは別の第2の表示画面です。そこで、パソコン画面には発表者ツールを表示し、第2の表示画面である拡張デスクトップにスライドショーを表示するのです。

次に、パソコン画面で、PowerPointを起動し、プレゼンテーションに使うファイルを開きます。この手順は、通常と変わらないので、説明は省略します。

PowerPointのメニューから「スライドショー」をクリックします。さらに、「発表者ツールを使用する」をクリックします。チェックマークが入ります。

これで、準備ができましたので、いつものようにスライドショーを始めましょう。「F5」キーを押せば、スライドショーが始まります。

スライドショーを始めると、プロジェクタにはスライドショーが表示されますが、パソコンには別の画面が表示されます。これが発表者ツールです。発表者ツールの中で大きく表示されているスライドが、現在プロジェクタに表示されているスライドです。やや小さく表示されているのが、次に表示されるスライドです。スライドのノートに書いたメモも表示されているのがわかります。その他、スライド一覧を表示させるボタンや、プロジェクタ画面をブラックアウトするボタンなどがあります。

この発表者ツールを使えば、プロジェクタの表示はそのまま、発表者はスライド一覧から表示させたいスライドを選んで、プロジェクタに表示させるスライドを変更させることもできます。

解答例

パソコンの操作法を説明する作業指示書

《はじめに》

PowerPointには、発表者ツールという便利な機能があります。しかし、社内のほとんどの者が、その存在や設定の仕方を知りません。そこで、発表者ツールを紹介すると同時に、その設定方法をお知らせします。

▼ここは総論のパラグラフ。比較的簡易な文章なので、総論を目的と要約でパラグラフを分けずに、ひとつのパラグラフで短くまとめている。ここで述べた内容を、各論で詳しく説明する。

《発表者ツールでできること》

PowerPointの発表者ツールを使うと、スクリーンにスライドショーを表示しながら、例えば次のようなことができます。

- 次に表示されるスライドを、クリックの前に確認できる
- スライドの一覧から目的のスライドに飛べる
- 原稿を手元のパソコンにだけ表示できる

●元のファイルを修正して、その結果をスライドショーに即時に反映させる

▼ここからが各論。総論のパラグラフで述べた「発表者ツールを紹介する」を詳しく説明している。その中でも特に、まずは発表者ツールで何ができるか、から説明している。読み手が最も知りたいことから説明を始めていることに注意。何ができるかは、意味のある順（通常は重要な順）に並べる。パラグラフの先頭が要約文になっていることにも注意。

《発表者ツールとは》

発表者ツールは、スクリーンにスライドショーを表示しつつ、手元のパソコンに発表者専用の画面を表示する機能です。発表者ツールでは、手元のパソコンの画面とは別に、プロジェクタに投影するための第2の画面（拡張デスクトップ）を用意します。手元のパソコンの画面には、発表者専用の画面とPowerPointのファイル編集画面を表示し、拡張デスクトップにはスライドショーを表示します。この2つの画面を使うことで、聴衆にはスライドショーを見せつつ、プレゼンターは手元のパソコン画面で作業ができるのです。発表者専用の画面では、次にクリックしたときのスクリーンを確認したり、スライドの一覧を確認したり、PowerPointのスライドのノートに書いたメモを参照したりできます。PowerPointのファイル編集画面は、スライドショーを実行していないのと同様に編集ができ、編集の結果は

すぐにスライドショーに反映されます。

▼総論のパラグラフで述べた「発表者ツールを紹介する」を詳しく説明している。その中で今度は、発表者ツールのしくみを説明している。パラグラフの先頭が要約文になっていることに注意。

《発表者ツールの設定》

この発表者ツールを使うには、パソコンとPowerPointの両方で設定が必要です。以下、Windows8とOffice2014を使って説明します。別バージョンのWindowsやOfficeをお使いの場合も、おおむね同じと考えてください。

▼ここは、「発表者ツールの設定」という階層の総論のパラグラフ。「パソコンとPowerPointの両方で設定が必要」と述べてから、この後、パソコンとPowerPointそれぞれの設定方法を説明する。

《パソコンの設定》

次の手順で、プロジェクタに拡張デスクトップと呼ばれる第2の画面を表示させます。

1. パソコンとプロジェクタを、プロジェクタに付属のケーブルで接続します。
2. プロジェクタに電源を入れ、パソコンの画面を表示できるように設定します。

↓この段階では何も設定していないので、プロジェクタはパソコンと同じ画面を投影しているはずです。

注：プロジェクタの設定方法は機種ごとに異なるので、プロジェクタの説明書をお読みください。なお、最近のプロジェクタには、自動認識機能がついているので、接続して電源を入れれば、自動的にパソコン画面がプロジェクタで表示されます。

3. デスクトップ上で、右クリックし、表示されたメニューから「グラフィックス・オプション」⇩「出力先」⇩「拡張デスクトップ」⇩「内蔵ディスプレイ+モニター」を選択します。

↓プロジェクタは、パソコンのデスクトップに似た画面が投影します。この画面には、アイコンもなければ、タスクバーもなく、壁紙だけが表示されています。この画面が、拡張デスクトップです。

▼ここは、階層の総論のパラグラフで述べた「パソコンの設定」を詳しく説明している。3つの手順がパラレリズムを使って説明されている。パラグラフの先頭が要約文になっていることにも注意。

《PowerPointの設定》

次の手順で、PowerPointの発表者ツールを設定してから、スライドショーを始めます。

1. 手元のパソコンの画面から、PowerPointを起動し、プレゼンテーションに使うファイルを開きます。

↓手元のパソコンの画面には、PowerPointのファイル編集画面が表示されますが、プロジェクタに投影されている拡張デスクトップには何にも変化はありません。

2. PowerPointのメニューから「スライドショー」をクリックします。

↓PowerPointのリボン（上部のメニュー部分）が「スライドショー」メニューに変わります。

3. 「発表者ツールを使用する」をクリックします。

↓チェックボックスにチェックマークが入ります。

4. 「F5」キーを押して、スライドショーを始めます。

↓プロジェクタに投影されている拡張デスクトップにスライドショーが表示され、手元のパソコンの画面に発表者ツールが表示されます。

▼ここは、階層の総論のパラグラフで述べた「PowerPointの設定」を詳しく説明している。4つの手順がパラレリズムを使って説明されている。また、前のパラグラフともパラレリズムになっている。パラグラフの先頭が要約文になっていることにも注意。

《発表者ツールの構成》

発表者ツールは、大きく3つのウィンドウから構成されています。第1のウィンドウには、現在プロジェクタに表示されているスライドショーのスライドが大きく表示されています。このウィンドウにはその他、スライド一覧を表示させたりするボタンや、プロジェクタ画面をブラックアウトするボタンなどがあります。第2のウィンドウには、次に表示されるスライドが小さく表示されています。第3のウィンドウには、スライドのノートに書いたメモが表示されています。

▼最後に、発表者ツールの使い方がわかるように、ツール構成を説明している。パラグラフの先頭が要約文になっていることに注意。

▼必要があれば、最初に述べた「発表者ツールでできること」の操作方法を、別のパラグラフを設けて説明していく。

あとがき

最後に、本書に対する〝よくある疑問〟に答えておきます。その疑問とは、「理論に目新しさがない」「他人の文章を批判していいのか」というものです。

本書で紹介したライティングの理論は、何も目新しいものではありません。本書で述べているように、書き方そのものは、欧米では学校教育で学習する内容ですから。したがって、勉強熱心な読者からすれば、どこかで読んだことのある内容かもしれません。

しかし、知っていることと、できることは別なので、できるようになるために本書を執筆しました。実際、日本人の書くビジネス文章の99％は正しく書かれていません。嘘だと思うなら、本書で述べているように、パラグラフ（のように思える部分）の先頭文だけを読んでみてください。ほとんどの文章では、意味が通りません。パラグラフを作ることも、要約文を置くことも意識されていないからです。

また、本書では、「極端な例を創作した」と思われないよう、実際の文章を引用して、問題点を指摘しています。それも、できる限り知識人が書いた文章を使っています。知識人の書いた文章でも、改善の余地があることを知ってほしかったからです。文章が書けないのは、一部の人の問題ではないのです。

本書で引用した文章は、ビジネス文章として見たとき、改善の余地があるというのにすぎません。内容に問題があるわけではありません。また、ビジネス文章としてではなく、楽しみの文章としてみれば問題のないものもあります。例えば、新聞の社説は、論理的な文章であると同時に読み物としての価値もあります。読み物としての価値を無視して、伝達性や論理性だけから論ずるのは、新聞の社説に対する論評としては不適切といえます。引用した文章は、伝達性と論理性を高める書き方を、強調するために使っています。何ら他意のないことをご了承願います。引用の趣旨をご理解いただければ幸いです。

倉島保美

2019年6月

著者紹介

倉島 保美（くらしま・やすみ）

1961年東京生まれ。85年東京大学工学部卒業。同年NEC入社。92年よりライティングの指導を開始。03年NECエレクトロニクスを退職。現在、有限会社ロジカルスキル研究所代表取締役。英語、日本語のライティング、プレゼンテーション、ディベート、論理的思考法についての指導を企業や自治体、大学などで年間150回以上行っている。著書に『論理が伝わる 世界標準の「書く技術」』や『論理が伝わる 世界標準の「プレゼン術」』（ともに講談社）などがある。

ロジカルスキル研究所：http://www.logicalskill.co.jp

改訂新版

スーパー・ラーニング

書《か》く技術《ぎじゅつ》・伝《つた》える技術《ぎじゅつ》

〈検印省略〉

2019年 6 月 27 日 第 1 刷発行
2020年 4 月 1 日 第 6 刷発行

著 者――倉島 保美（くらしま・やすみ）
発行者――佐藤 和夫

発行所――株式会社あさ出版

〒171-0022 東京都豊島区南池袋 2-9-9 第一池袋ホワイトビル 6F
電 話 03 (3983) 3225 (販売)
03 (3983) 3227 (編集)
F A X 03 (3983) 3226
U R L http://www.asa21.com/
E-mail info@asa21.com
振 替 00160-1-720619

印刷・製本 神谷印刷（株）

facebook http://www.facebook.com/asapublishing
twitter http://twitter.com/asapublishing

ISBN978-4-86667-148-2 C2034